何度でもリセット

元コンサル僧侶が教える
「会社軸」から「自分軸」へ
転換するマインドセット

安永雄彦
西本願寺 執行長
グロービス経営大学院
大学教授

Discover

はじめに

「なぜ、そんな道を選んだのですか?」

私の人生のキャリアの変遷について、こんなふうに聞かれることがよくあります。**医学部志望で2浪し、経済学部を出た後、銀行員を21年、46歳で転職してエグゼクティブ・サーチ・コンサルタント兼会社経営者になって15年、第3の人生は61歳から僧侶として大寺院の経営にあたっています。**

本書のタイトル通り、「何度でもリセット」したように見えますが、最初からそうしようと思ったわけでも、戦略的にキャリアを切り拓いてきたわけでもありません。いろいろな野心を抱き、さまざまにチャレンジし、または、挑戦を避け、失敗しながらも、好奇心のままに、ご縁のままに、なんとかここまでたどり着いたというのが正直な自分の人生への感想です。

人生は決断の連続ですが、後から振り返ると、「実に浅はかだった。おっちょこちょいだった」と気付かされることも少なくありません。

特に、決断ができなくて見送ったことは、いつも後悔の念とともに、残念な気持ちが思い出されてきます。

「あのときもっと勉強していれば、医学部に入っていたかもしれない」
「あのとき辞表を胸にもっと直言していれば、銀行はもっとサバイバルできたかもしれない」
「あのときヘッドハンターの紹介でもっと早く銀行を辞めていれば、外資系投資銀行で活躍できたかもしれない」

などなど、今思い返しても悔しい思いが私の心の中にたくさん封印されていることを感じざるを得ません。

自分の過去のことを振り返って見つめるのは誰しもつらいものです。思い出したくもない過去もたくさんあります。

それでも、逆境にはまる度にあがき、常に挑戦し、失敗し、反省し、リセットして、そしてまた挑戦してきたように思います。

そうした失敗と挑戦の結果として今日の自分があるわけです。

この本を手に取ってくださった方も、私と同じような経験、気持ちをお持ちの方が多いのではないでしょうか。

＊　＊　＊

何が自分をこのような人生に駆り立ててきたのか、時々考えます。

自分では、そのときそのときの判断で決断してきたように思いますが、**後から振り返ると常に一貫した「自分の軸」があることに気付きました。**

失敗や後悔の念も多い人生キャリアではありますが、ただひとつ大事にしてきた「自分の軸」は、あえて言えば「**好奇心**」でしょう。

小さい頃を思い返してみますと、おぼろげな記憶が残る3歳くらいから、自分の好奇心の赴くままに、どこへでも行ってしまう、落ち着きのない子どもでした。両親は目が離せないので大変だったと聞いています。

周囲の環境変化の中で自分の好奇心が思う存分に発揮された時期はおもしろい仕事ができ、結果も出ました。しかし、それとは反対の決められた仕事の反復に枠をはめられた時期はあまり充実感を感じられなかったように思います。

人はそれぞれ得手不得手があり、私のように好奇心で挑戦することが好きな人もいれば、逆に守りに徹してマニュアル通りに事故なく仕事をこなすことに喜びを感じる人もいることでしょう。

「自分の軸」は、それぞれ違っていい。本書であなただけの「自分の軸」をぜひ見つけてください。

＊＊＊

世の中が、ＶＵＣＡ（ＶＵＣＡとは、「Volatility(変動性)」「Uncertainty(不確実性)」「Complexity(複雑性)」「Ambiguity(曖昧性)」の頭文字を取ったもので、物事の不確実性が高く、将来の予測が困難な状態を指す造語）の時代と呼ばれて久しいですが、我が日本は先行きが不透明なだけでなく、成長ではなく停滞、下降してゆく「長い下り坂」の時代に私たちは生活しています。

このような時代には、先例を尊んで、前例を踏襲して仕事や生活をしていては確実に個人の人生が陳腐化し、停滞、下降、逆境を免れることはできません。

そんな環境の中でも、「自分の人生を常により向上させようと心から願っている人」、「人生に少し惑ってしまっているがなんとか抜け出したいと願っている人」。

この本は、そんな人を対象にしています。

私がこの本で主張することをひとことで言えば、「**自分の軸をもって主体的に自分の人生を生きよう**」ということです。

そして、「**失敗を恐れず、チャレンジして、そこから学び、次の成長に向かって少しでも行動を起こしてゆこう**」ということを皆さんに伝えていきたいと思います。

ある意味私が、若いころの自分に課してきたことを、読者の皆さんにもすすめているわけです。

現在の私も、この本を書くことによって、自分で自分のこれからの生き方の方向性を再検討して、自分をさらなる成長へ鼓舞しています。

皆さんが、この本によって少しでも自分の生き方を振り返り、「自分の軸」を見つけ、具体的な新しい行動のきっかけにしていただけましたら、著者にとっては望外の喜びになります。

さあ、私と一緒に人生の航路を俯瞰して、皆さんのキャリアの舵を大きく転回させていきましょう。

必ず、新しい展望がひらけ、新しい体験、新しい出会いが起こるはずです。

安永雄彦

もくじ

第1章 仕事で自分をなくしていませんか？

第2章

会社軸から自分軸を取り戻したイギリス時代

第3章

「自分の軸」を見つける

第4章

「自分の軸」を活かす

第5章

「自分の軸」を守る

第6章

失敗や逆境に負けない自分になる

第7章

あるがままに「凡夫」として生きる

第1章

仕事で自分をなくしていませんか？

「長い下り坂」の時代をどう生きるか

人生100年時代と言われます。

この言葉を聞いたときに、あなたの心の中にはどんな感情が生まれるでしょうか。

期待、希望、夢。きっとそれだけではないはずです。

不安、恐れ、焦燥。明暗両極の感情が、同時に渦巻くような複雑な心境になる人が少なくないのではないでしょうか。

長生きできる時代は、豊かな時代である一方、底知れぬ不安を呼び込む時代とも言えます。

もしも日本の経済が長らく安定した右肩上がりが続いていて、今後も成長が続く予測が立つのなら、楽観できるのかもしれませんが、現実はそうではありません。

2023年に発表された日本の出生数は7年連続減少の80万人割れ。出生率は過去最低の1・26をマークし、少子高齢化による人口減少は加速する一方です。

一方で、近隣のアジア諸国の経済成長は著しく、相対的に日本は「安い国」へと向かっているという指摘が後を絶ちません。

日本社会に生きる私たちは今、誰もがこれまで経験したことのない「長い下り坂」の時代を迎えているのです。

上り坂の時代と下り坂の時代で、何が違うのか。

わかりやすいイメージとして、「山」を思い浮かべてみてください。

登山をするときに、上を目指すときのゴールは一つ、山頂です。行き方やルートは一つではないにしても、目標とする地点は皆同じです。

「下山」の場合はどうでしょうか。山の麓へと、目指す地点は一つではありません。360度、ぐるりと見渡して、さてどこに向かって下りるのか。選択肢は無限にあります。

すなわち、**「どこへ向かうのか」と目標を定める意思決定が不可欠になるのです。**

経済が伸び、社会全体が成長している時代には、個人が何も努力しなくてもなんとか人生は進んでいくものでしょう。

しかしながら、低成長・停滞の時代には、何もしなければはじき出されるだけ。

山道を下るためには、登るときとはまた違った筋力が必要になります。

重力でスピードがつき過ぎないように、より慎重にコントロールする意識も大切になります。

備えるべきは、賢く下るための新しい知恵。そして、自分で進む方向を決める力なのです。

生き方の選択はより自由に そして生まれた新たな問い

2023年の夏を迎えた今、世の中は一気に「再起動」のエネルギーを発散させています。

世界中を襲ったパンデミックによって、「閉じる」ことを強いられた3年を経て、移動や集合に関するさまざまな規制が解かれました。

世の中全体が他者との交流や再会の動きが活発化していることを、きっと多くの人が肌で感じていることでしょう。

私が教員を務めるグロービス経営大学院が主催する在校生や卒業生向けカンファレ

ンス「あすか会議」も4年ぶりに対面で開催されましたが、参加者の人数は過去最大規模に。会場はものすごい熱気に包まれていました。

また、セッションのテーマは、最新テクノロジー活用や上場に向けた経営戦略など、以前にも増して「成長」に舵を切った印象でした。

これほど急速に世界が動き出している今、どこか心が追いつかない、落ち着かないという人も少なくないはずです。

他者との交流の機会を減らし、自分の内面に向き合わざるを得なかった数年間から転じて、一気にさまざまな他者の思いや行動の刺激を浴びる日常へ。

リモートで働ける環境が整ったことで、都会から地方へ移住するなど新しいライフスタイルを始めるハードルは、ひと昔前と比べて格段に下がりました。

技術の進歩は私たちの「できない理由」を減らす利便性をもたらす半面、「では、あなたはどう生きるのか？」という問いを突き付けます。

「選択肢はたくさんあります。あなたはどっちに進みたいですか？」

そんな問いかけに即答できる人は、どれだけいるでしょうか？

おそらく少数派です。

なぜなら、これまで真面目に働いてきた人ほど、自分の意思を後回しに、求められる役割に対して一生懸命に向き合ってきたはずだからです。

私はこの本を手に取ってくださったあなたへ、これから続く「長い下り坂」を、一歩一歩踏みしめて前に進むための〝杖〟を渡したいと考えています。

下り坂を進むには、不要な荷物を一つひとつ手放していかなければなりません。

登るときには必要で、今は不要となった荷物──「こうあるべき」という古い価値観や幻想です。

そして、代わりに握りしめるべきは、私たちの足元を支える〝杖〟――自分自身の内面にある希望や理想、ありたい姿を求める「自分の軸」です。

私もまた、下り坂に挑む者の一人です。

まずは、思考のリセットから始めていきましょう。

今はこれまでにないほど思考のリセットに適したとき

これからの時代を生きやすくするための技法として始めたい、「思考のリセット」。これまで大事とされてきた習慣や価値観、ノウハウを手放すことはいかにも難易度が高そうで、反射的に否定感情を抱く人は多いかもしれません。

しかし今、私たちは、かつてないほどのレベルで「思考のリセットに適した時期」を迎えているとも言えるのです。

あらためて振り返ってみましょう。2020年初め、世界中を新型コロナウイルスという未曾有の危機が襲いました。人類共通のリスクと立ち向かうため、「ソーシャルディスタンス」の確保が社会活動の条件となり、従来のビジネスでよしとされてきた常識がことごとく否定されたことは記憶に新しいと思います。

会食、接待ゴルフ、対面での打ち合わせや会議、お得意様への定期的なご訪問、毎日の出社。

これらはすべて、かつての〝ビジネスの常識〟で「なくてはならないもの」として認識され、大半のビジネスパーソンが何も疑うことなく日常として受け入れていたことでしょう。

しかしながら、感染症予防の名目によって、この常識は突如「あってはならないもの」へと180度転換。対策を余儀なくされました。

対面の打ち合わせや商談、会議はオンライン化し、在宅のままのリモート勤務を認める会社が急増。これまでは「重要な契約を取り付けるためには欠かせない」と言われていたはずの会食や接待ゴルフは、実施が難しい時期が3年続きました。

ではその間、ビジネスは何も進まなかったのか？

答えはＮＯ。

料亭やゴルフ場で付き合いを深められなくても、オフィスに出社できなくても、ビジネスは問題なくプロセスを踏んで進められることを、多くの人が実感したはずです。

この変化を社会全体が同時期に体験したことは、非常に大きな意味を持ちます。

私たちは自らの力で、「常識」や「当たり前」を変えることができる。

「変わる」ことはそれほど難しいことではなかった、と社会の大半の人が実感することができたのは、私たちが前に進むための重要な糧であるはずです。

体験に基づく確信を、活かさない手はありません。

なんでもかんでも一生懸命にやる時代は終わった

先の見えない、でもだからこそ無限の希望があるとも言える荒野を前に、私たちがまず捨てるべき荷物は何か。

「なんでも一生懸命やればなんとかなる」という常識です。

気合い、根性、成せば成る。どれも、私と同世代か少し下の40代半ば以上の人たちにとって馴染みのある言葉ではないでしょうか。

学生時代の部活動では少々手が出るのは当たり前のスポ根指導を受け、社会人になってからも「とにかく量をこなせ！」「人の何倍も努力して結果を出してこそ一人前だ」という根性論にどっぷり浸かってきた世代です。

たしかに、昔はそれでよかったのです。人口が伸び、国内外のマーケットが伸び、仕事を頑張れば頑張るほど生産と売り上げに直結し、みんなの給料も上がって、会社も成長した時代だったからです。

また、会社の成長とともに、ビジネスパーソンとしての個人の実力もメキメキ伸びてキャリアアップも約束されていました。

つまり、総じて「一生懸命が報われる」時代でした。

何も考えずに目の前の仕事に没頭するだけで、未来が明るくなる。そんな時代だったのです。

ところが今は違います。「**一生懸命だけでは通用しない**」**時代です。**

世の中にはモノが溢れ、消費者はちょっとやそっとの新しさでは見向きもしない。かつ、国内マーケットの縮小によって、経済の成長は鈍化し、給料は上がらず、若者はなかなか結婚しない。

技術革新のスピードは速く、どんなに周到な準備で製品開発を進めても、あっという間に抜かれるかもしれない不確実性。「ＡＩが仕事を奪う」と危機感を煽る声もあちこちから聞こえてきます。

人口や経済が伸びるという前提が崩壊し、価値観が多様化する今の時代には、ビジネスの正解も一つではありません。

社会構造や個人の人生の変化に合わせて、知恵を絞らないと、生き残るのは難しい。「とにかくこれを作れば売れて安泰」と長時間労働で稼ぎを増やすモデルは、すでに賞味期限切れを起こしています。安泰を約束してくれる正解はどこにもなく、時代は行き詰まっているのです。


こうした変化は、30年前のバブル崩壊の頃から始まっていて、何度も警鐘は鳴らされてきました。

しかしながら、日本の企業社会の意思決定層はいまだに「昭和」という成功モデルの常識を引きずっているため、なかなかモデルチェンジができません。過去の成功体験がむしろじゃまをしているのです。

改革の主役になるはずの若者たちは、高齢化社会におけるマイノリティであるために、その声はかき消されてしまう。ゆえに日本の企業文化が根本的に変わるには、相当の時間がかかるでしょう。

「会社は滅多なことじゃ潰れない。このまま逃げ切ればなんとかなるだろう」とタカをくっているのは危険です。

自分はなんのために働くのだろうか？
なんのために働きたいのだろうか？
そのためには、自分をどう活かしていくべきか？

もう一度深く向き合い、意思を持って承認欲求を否定して自ら動くことを、私は強くおすすめします。

人間の視野・視点は
ファーストキャリアに強く影響される

人生も後半に差し掛かる年齢を迎えると、「自分とは、こういう人間だ」という自己認識のイメージがほぼ固まってくるものだと思います。

自分の特性を知ることは大事です。

しかしながら、同時にこんな問いも投げかける必要があります。

「果たして私は、〝はじめから〟こういう人間だっただろうか？」

人間には誰しも〝思考のクセ〟があります。そして、思考のクセの方向性を決めるきっかけは外的要因がほとんどです。

そのきっかけにはさまざまなパターンがありますが、成人して以降の日常の中で、特に強い影響を与えるのが「ファーストキャリア」ではないでしょうか。

つまり、社会に出て初めて所属する組織の環境です。

最近は学生時代に起業する人も増えていると聞きますが、とはいえ、社会全体のマジョリティはやはり「会社に就職」でしょう。

組織には、その組織を合理的に運営するための習慣やルールが存在します。

その習慣やルールは、あくまでその組織に最適化されたものであり、どこでも、誰にでも通用するものではありません。

ところが、組織の内側で過ごす時間を重ねるうちに、いつの間にか「当たり前」の価値観として刷り込まれていきます。その環境特有の「当たり前」が、いつの間にか、自分にとっての「当たり前」と同化していくのです。

とりわけ影響を強く受けるのが新人時代。真新しいスポンジのようになんでも吸収する新社会人の時期に過ごす環境の影響力は甚大です。私自身もそうでした。

私が大学を卒業して最初に入った組織は三和銀行。合併を重ねて、現在は「三菱ＵＦＪ銀行」と呼ばれるメガバンクになっています。

今でもそうだと思いますが、銀行員として一人前になるために最初に叩き込まれたのが「正確性の追求」でした。

仕事というものは決して間違ってはいけない。

文字は正確に書きなさい。

足し算、引き算、かけ算、すべての計算は必ず検算で答えが合っているかを確認しなさい。

繰り返し繰り返し先輩に叩き込まれ、後輩ができたら今度は教える立場となって繰り返し手本を見せるうちに、だんだんと「仕事とはこういうものだ」という自分の〝常識〟が形成されていきました。

さらには仕事だけでなく、世の中とは、人生とはこういうものだという認識へと拡張していきました。

「お金を貸すときには、確実に返済されることを前提に」。これも、銀行員時代に刷り込まれた常識の一つです。

今も私はお金の貸し借りに関しては非常に保守的なタイプですし、「返済できるかわからない相手に貸すときは、あげるつもりで渡そう」という考えで動くと決めています。

こうした仕事やお金に関する価値観を日々の仕事を通じて獲得していることは、銀行員として21年間、金融業界の内側にいたときには無自覚でした。

しかし、業界の外に出てみると、それは「銀行員特有の価値観」であったと気づかされました。

「おや、世間の考え方はちょっと違うようだな。仕事の仕方もいろいろあるんだな」

そして、同時にこうも感じたのです。

「会社や業界の文化は、個人の価値観にこれほどまでに深く介入するものなのか」

自分はこういう人間だと自覚している部分は、実はある時期に影響を受けた環境下の行動習慣が規定したものかもしれないのです。

言い方を変えると、**環境や行動習慣（つまりライフスタイル）を変えると、自分は変わる可能性があるということ。**

私たちは自分たちが思っている以上に、柔軟な生き物なのです。

「会社に人生を託す」という考えは幻想である

「将来に対して、漠然とした不安を感じます」

仏道に入るよりも以前、ビジネススクールで教壇に立ち始めた頃から、私が毎日のように聞いてきた悩みです。

不安の理由は何なのでしょうか。

理由を一つに絞るのは難しいかもしれません。

しかし、おそらくその不安の大部分は、今所属している「会社（勤務先）」の将来性に深く関わるのではないかと想像します。

自分が80歳になる頃まで、会社で働けるポジションはあるだろうか？

その頃、そこそこの給料をもらえるくらい、会社の業績は維持されているかな？

いや、そもそも、会社は存在しているだろうか？


そんな**会社を〝主語〟にした「？」が次から次へと襲ってくるとしたら、あなたは自分の人生の大部分を会社に依存している可能性があります。**

そして、依存の前提となっているのは「会社は余程のことがなければなくならない」という思い込みでしょう。

はっきりと言ってしまうと、その思い込みは〝幻想〟であり、一日でも早く断ち切ったほうがいいと私は勧めます。


「うちの会社は国際的にも手広く展開している大企業なので、当面は大丈夫ですよ」と反論する方もいるかもしれません。しかし、それも危険な楽観です。

テクノロジーの進歩が加速度的に速くなり、国際政治の地政学的パワーバランスも変容せんとするこれからの時代に、「ずっと永続する組織」なんてあり得ない。

30年後どころか、10年後、5年後でさえ、会社が今のまま存在しているという保証はどこにもないのです。

過疎化によって自治体も潰れる時代です。「絶対安定」と言われてきた公務員だってわかりません。

脅すように聞こえたら申し訳ありませんが、これはそう遠くはない将来に必ず起こる現実でしょう。

会社と自分の運命を重ねて考える人は、それだけ真面目に頑張ってきた人であるとも言えます。

優秀で周囲の評価が高い人ほど、会社と人生が一体化するのは自然なことです。

そんな頑張ってきた人たちほど、深い迷いの中で立ち止まる時代が来るのではないかと私は心配です。

そもそも「会社」とはなんでしょうか。

立派なビルの中に入っているオフィス。何百人、何千人の従業員が集まるチーム。設立以来、生み出されてきた商品の数々。

いくつかのイメージが浮かぶでしょう。

しかし、そこには実態としての会社は何もありません。

法人として登記が完了すれば、すぐに会社をつくることはできますが、会社は建物でもなければ従業員を集めた集合体でもありません。

創業者、従業員、株主、消費者、取引先など、関係する人々が「ここに会社が存在する」と信じるからこそ成り立つ。いわば会社は〝共同幻想〟によって存在するものなのです。

今日から少しずつ、会社に託す人生を手放していきましょう。

さあ、自分を取り戻そう

会社とは、実態があるようでない「幻想」であり、依存するのは危険であるという話をしました。では何をよりどころにすればいいのか？

「自分」です。

いつでもしっかりと両手で握れる「自分の軸」を備えることが、これから続く道なき道を進むための〝杖〟となります。

私もかつて、会社の風土に自分をどっぷりと浸からせて、無我夢中で走る時期を経験した人間です。

しかし、いくつかのターニングポイントによって、人生を方向づける価値観が揺さぶられ、「自分の軸」を取り戻すことができたのです（詳しくは後の章でお話しします）。

金融業界から転じて仏道に入るという、我ながら予想だにしなかった大転換も、「自分の軸」を握る人生を得たことによる結果であると考えています。

とはいえ、「自分の軸」は日々意識しなければ、すぐに私たちの手中から消えてしまいます。

少しでも気を抜くと、ぼんやりと霞がかったかのように薄らぎ、揺らいで、遠のいてしまいます。

私自身もちょっと油断をすると、自分を見失いそうになる瞬間は訪れます。

そのたびに「自分の軸」を感じ、見つめ、取り戻そうと努力をします。決して難しくはなく、日常の中で実践できる小さな行動によってです。

つまり、意識と訓練によって、誰にでも「自分の軸」を取り戻すことは可能です。自分と向き合う時間を後回しにしてきた人たちへ、私自身の経験も踏まえて、これからの人生を楽しく前向きに進むための視点と行動について、ゆっくりとお話しをしていきます。

第2章

会社軸から自分軸を取り戻したイギリス時代

お金と人生の価値観が変わった私のターニングポイント

なぜ私が「自分の軸」で生きることの意義を伝えたいと思うのか。

それは、私自身が「自分の軸」を取り戻した体験から得た確信に紐づいています。

私はあるターニングポイントがきっかけで、一度見失いかけていた「自分の軸」を再び握れるようになりました。

そして、もともと持っていたダイナミックな冒険心を活かせる人生を、臆せず選択できる人間へと生まれ変わったのです。

ターニングポイントとは、21年勤めた銀行員時代の中で思いがけず降ってきた「留学」でした。

私は1979年に当時の三和銀行に入行し、大阪の梅田支店（当時は最大規模の支店でした）に配属となり、30代半ばまで無我夢中で仕事に邁進してきました。

時代はバブル全盛。給料も不動産も融資額も何もかも右肩上がりの時代でした。

当時の銀行員としてのキャリアの道筋は、まるですごろくのように「8年目で支店長代理・部長代理になって、13年目で次長になって、18年目に部長・支店長になって、最終的には31・5年目で頭取になる」と見えていました。

コマを順調に進めるには、同期の中でトップの成績を収めることが条件です（正確には年齢で測られていたので、2年浪人していた私は同期入社より少々先取りしていましたが）。

もちろん運次第でもありますが、社内で最も成績のいい支店、部署の中に入り込むことは絶対不可欠。出世コースに乗っている上司の下について、期待に応えるために猛烈に働く。それが「優秀なビジネスパーソン」のあるべき姿だと信じて疑ったことはありませんでした。

上客の契約を取るために、接待や縁談の世話、相手が喜ぶ情報提供などなんでもしました。当時の銀行は大蔵省の「護送船団行政」という保守的な管理下にあり、金利よりも泥臭いサービスで営業成績を上げるのが業界の常識だったのです。

入行8年目の1987年にはロンドン支店に赴任。英語やファイナンスを必死に学び、新規開拓分野だった英国地場企業や経営陣の買収案件やプロジェクト投資案件を扱うようになりました。

日本の銀行の格付けは「トリプルA」で最高ランク。大型の商談を決めると、一気に数億円の利益が入ってきます。イギリス独特の商習慣にもだんだん慣れて、マーケットの深い情報も入手できるようになりました。結果が出るのが面白く、30代の私はアドレナリン全開で上昇気流に乗っていました。

帰国後には順風満帆な出世コースが待っているだろうと信じて疑わなかった矢先。

ふと、思いがけないエアスポットに入り込むような転機が突然やってきたのです。

「君を留学させることになった。

そのまま日本に帰らず、ケンブリッジに行ってくれ」

支店長の一言で、私のキャリアは１８０度転向したのです。

上昇志向からアカデミックな世界へ
根底から価値観が揺さぶられた

突然の命を受け、私は36歳にして学生の身分となりました。

通ったのは、ケンブリッジ大学工学部大学院の経営学専攻博士研究課程。今のケンブリッジ大学経営大学院（ジャッジ・ビジネススクール）の前身となったところです。世界最高峰の学術機関で経営のなんたるかを学ぼうと、各国から高い志を持った留学生が集まっていました。

圧巻だったのは、所属するカレッジのプレジデントが定期的に開催する晩餐会の光景です。そこには、世界の論壇をリードする著名な科学者や官僚、ジャーナリスト、外交官など錚々たる顔ぶれが一堂に会していました。

学術界や政界のトップエリートが、私たち大学院生と同じテーブルに着き「ビジネスの本質とは」「世界はどこに向かうべきか」といった視座の高いディスカッションを、まるで日常会話のように軽やかに交わしているという特別な空間でした。

ある日、たまたま隣に座った留学生は、いかにも聡明な顔立ちのブラックパーソンでした。自己紹介もそこそこに、真剣な面持ちで「豊かな国のあり方」についての考えを述べ、「君はどう思う?」と意見を求めてくる。後から聞けば、彼はアフリカ某国の次期外務大臣でした。


多額のカネが動く激流の中から、深い問いを投げかけて水面に輪を成す湖のような世界へ。

「ここを目指せ」という強烈な引力で数字を上げることに注いできた集中をふっと解かれ、私は無重力空間を浮遊するような感覚に襲われました。

あんなに上昇を求めた自分はなんだったのだろうと、根底から価値観が揺さぶられました。

かといって、その世界が静的かというとそうではなく、ある種の野心家の集まりであり、探究心の熱源がぶつかり合うようなダイナミズムも感じる場所でした。

話題の中心はいつも、「世界をより良いものにするために、私たちは何をするべきか」。未来への貢献につながるイノベーションを創出する術を、どう生み出していくかという一点に情熱を注ぐ世界でした。

今だから言えますが、当時の私は住宅手当なども含めると総額で3000万円近い年収を得ていました。おそらく、ケンブリッジの教授たちの報酬よりはるかに高い金額だったはずです。

しかしながら、名声や財産を得るだけが人生ではないことを、アカデミックな野心家たちの姿から学びながら、次第に私もその世界に馴染む自分でありたいと願うようになりました。

後世に貢献する価値を残したいロールモデルが転換

目標とするロールモデルのイメージも変わりました。

かつての私が将来の目標として見据えていたのは、せいぜい「銀行の頭取」のような狭い世界の中の一直線上のポストでしかありませんでした。

しかしながら、ケンブリッジで将来の世代のために貢献する仕事に情熱を注ぐリーダーに数多く出会い、彼ら彼女らに憧れの念を抱くようになったのです。

象徴的なのは、私が通っていた工学部大学院経営学研究科を母体にして立ち上げたビジネススクールの創設者、ポール・ジャッジです。

ジャッジは投資のビジネスで大成功を収めた後、イギリス国家のために公的な仕事に従事し、８００万ポンドを寄付してビジネススクールを設立したという人。

富を社会のために循環させる生き方は、素直に「カッコいい」と思えます。

彼とは前述の晩餐会で会話を交わす機会を何度か得ましたが、ギラギラとした雰囲気が一切なく、人当たりが柔らかく、好感の持てる紳士でした。

彼の関心の中心はやはり「いかに自分が培ってきたものを、社会貢献に使っていくか」というものでした。

名誉や名声のために信念を曲げることは、最も軽蔑されるふるまいでした。

理想に対してピュアに、ストレートに、自分の持てる力を注ぐ。

そんな生き方を、私も自らの人生をもって示していきたい、という意思を強く自覚するようになったのです。

掘り起こされた精神世界への探究心

当時はまったく予想だにしていませんでしたが、後に私が仏道に入る決断に至った精神世界への関心も、この留学時代に芽生えたものでした。

いえ、正しましょう。

「芽生えた」のではなく「掘り起こされた」と表現するのが正確です。

ケンブリッジに限らず、ヨーロッパの大学の歴史を紐解くと、その源流には宗教があります。12世紀にキリスト教の聖職者養成のためにつくられた学校が、ケンブリッジ大学創設の原点であると知り、ならば実際に行ってみようと、カレッジ内の教会に足を運んでみたのです。

そこで牧師の説教に耳を傾け、讃美歌に身を委ねながら、心の内面に向き合う時間を過ごすようになると、忘れかけていた「精神世界への興味」が掘り起こされました。

バブル期の金融業界という上昇気流に乗る中で見失っていましたが、もともと私は10代の頃から「心」に関心を寄せていました。

高校時代から深層心理学や精神医学の本を読み、医学部を志望したものの、残念ながら合格には至らず、2浪を経て進んだのは経済学部。しかし、そこでもユング心理学を履修するなど、「精神の理解を深めたい」という思いは絶やさずにいたのです。

教会に通って宗教を身近に感じたり、カレッジで繰り広げられる日常的な議論の中で「日本人はどういう宗教観を持っているのか?」と問われたりする中で、「心の世界への興味」を再発見し、「宗教が人間にもたらす価値」を見つめる時間を得たことは、その後の私の人生を方向づけるものとなりました。

一度は封印した「自分の軸」を取り戻し、私は変わった

「人生のリセット」となった留学期間を終え、日本の職場に復帰した私は、以前の私とは別人でした。

仕事に対しては結果重視で一生懸命取り組んでいましたが、「我々の仕事のあるべき姿」を考え抜くようになりましたし、筋を通すことに対して譲れない人間へと変わったと思います。

納得いかないことに関しては妥協せずに、ハッキリと自己主張し、上司に対しても遠慮なく噛み付いていました。

周りは皆、「安永はイギリスに行ってますます面倒なヤツになっちゃったな」と閉口していたことでしょう。

私はもともと自分の意見をハッキリ言うタイプではありましたが、それでも留学前は、もう少し「空気を読む」会社員でした。というのも、物わかりのいい部下としてかわいがってもらい、早くエラくなりたいという欲望があったからです。

けれども、ケンブリッジのアカデミックな世界に没入する経験を経て、出世欲から解き放たれた私には遠慮が一切なくなりました。

とにかく曲がったことや、曖昧なごまかしが大嫌いで、気づいたことは見逃さずに指摘していました。

「安永は、なんでも言いたいことを言ってくる。態度も声もデカい。生意気だ」と、ずいぶん迷惑がられました。明らかに「扱いにくい部下」に変わったと思います。

しかし、当の本人はむしろ居心地がいい。もともと三和銀行を選んだ最大の理由も、いくつか内定をいただいた銀行の中で、最も「言いたいことが言える社風」だと先輩から聞かされていたからでした。

いつの間にか自身の欲に負けて、忖度する姿勢に成り下がっていた私は、永い眠りから覚める思いでした。

私利私欲ではなく社会のために貢献する世界の知的エリートたちの見識に触れて、私の中の優先順位、職業人としての美意識のようなものが完全に入れ替わったのだと思います。

新人時代にこうありたいと描いていた「もの言うビジネスパーソン」の姿に、私は再び近づきました。

所変われば常識変わる 社会のあり方にも〝正解〟はない

海外で働き、学ぶ経験は、ビジネスを進める上での商習慣や社会のあり方における「常識」をリセットする転機にもなりました。

たとえば、大事な契約を決めるために欠かせない会食。日本では夜の席をセットするのが常識ですが、イギリスでは17時以降に仕事の予定を入れるのは「非常識」ととられます。

なぜなら17時以降は、多くの人にとって家族と過ごすための時間。それは決して休息という意味だけではなく、「子供の学校のお迎え」や「食事の準備」といったビジネスとは別の〝仕事〟が待っているという意味なのです。

ですから、商談を伴う会食として活用されるのは昼の時間帯、ランチとなります。イギリスでは、顧客獲得の重要ステップとして「ランチの約束を取れるかどうか」が一つの基準となっているほどです。

私もこの商習慣にならってランチ大作戦に挑んできたわけですが、いざ約束を取り付けられた後も一筋縄ではいきませんでした。

まず、なかなか本題に辿り着かない。食前酒、前菜2種、と始まって、ゆっくりと食事を進めながら、業界の近況など当たり障りのない会話を重ね（もちろん、その間に品定めをされているわけですが）、メインのお皿を下げられる頃には3時間経過。

そのまま終わってしまうこともありますが、うまく相手のお眼鏡にかなえば、最後に食後の甘いデザートワインを飲み干し、葉巻をふかす頃のラスト5分がハイライト。

「ところで、3年後に向けてパキスタンに新工場を建てるプロジェクトが始まるのだが、ファイナンスの面で何かいい案はあるか？」と、商売のネタになる〝お土産〟をいただけるというわけです。

もう20年以上前のことなので今は変わっているかもしれませんが、当時のイギリスの金融業界のビジネスの決め方はこういうものでした。慣れるまで時間がかかりましたが、「郷に入れば郷に従え」の精神で乗り切っていました。

また、「**若者に思い切ってbetする（賭ける）**」という文化も実に爽快でした。

さまざまな年代が参加するグループの中から次期リーダーを選出するという場面で、一番若いメンバーから突拍子もないユニークな意見が飛び出したとします。

日本では、年配者が保守的な意見を被せて消してしまうか、採用されたとしても角が取れた折衷案に落ち着いてしまうのが常ではないでしょうか。

一方でイギリスでは、大抵の場合、「面白い！　君にそのまま任せてみよう」と全員で盛り立てようとするシーンを何度も見ました。

まるで街角のパブでbet gameを楽しむように、思い切って若者に任せてみる文化は、年功序列の企業文化が染みついていた私の目に新鮮に映ると同時に、「こういう世代交代の形もあるのだな」と視界を広げるものでした。

1カ月休んでも経済は回る欧州の働き方から学べること

一つの環境の中で長く過ごしていると、その環境下で定着した決まりごとに、無意識に縛られてしまうものです。たとえば、労働と休暇のバランスについての考え方。

日本で長く働いていると、夏休みは8月のお盆前後で1週間ほどとるのがスタンダードとされていますが、所変われば常識も変わります。

数年前、私は7月にフィンランドに訪問する予定を立てたものの、諸事情でキャンセルとなったという出来事がありました。

海外生活の長い友人に話すと「それは行かなくて正解だよ」と笑われました。

理由を聞けば、「フィンランド人は7月を1カ月まるまるバカンスに使う。ビジネス目的でアポイントメントの計画を立てても、ほとんど応対はないと思ったほうがいい。行っても無駄だよ」と。

国全体が7月は休む前提で動いているということです。

フィンランドの一人当たり名目GDP（2020年）は、48，981USドルで、日本の1・22倍。12カ月のうち1カ月をバカンスに費やしても十分に経済が回っている点に、私は深く感心しました。要は「1年＝11カ月」の前提で生産効率を高めているのでしょう。フィンランドは子育て支援も充実し、国民の幸福度が高いことでも知られています。

一国の社会システムという規模においても、「こうあらねばならない」という常識から一歩離れ、「こうありたい」をゼロから創ることはできる。

そう考えると、私たち個人の生き方にも〝絶対の正解〟なんてどこにもない、いつでもゼロから考え直していいのだと、勇気が湧いてきませんか。

法要の日取りも然り
形式にとらわれずに本質重視で

仕事柄、法要の日取りについて相談を受けることがよくあります。

「父の四十九日が金曜にあたるのですが、親族が集まりやすいのは土曜日なんです。1日遅らせるとよくないでしょうか」


まったく問題はありません。大事なのは、故人を偲び、心を寄せ合うこと。

「日にちを合わせないと故人が成仏しない。早めるならまだしも、遅らせるなんてもってのほか」と形式ばかりを追うのは、あまりにも非現実的ですし、今の時代に合っていないと思います。

ライフスタイルが多様化して、親族がみんな近くで暮らしているという人は少数派です。そもそも「集まる」ことのハードルが高いのです。
できることをできる限りでやるしか方法はありません。

重要なのは本質。
すぐが難しければ、1年後だっていいのです。
「なぜそれをやるのか」という本質を損なわないことが大切です。
何事も思考を止めず、何が今の最善であるのかを見極めたいものです。

第3章

「自分の軸」を見つける

「自分の軸」は必ず見つかる
すでにあなたの中に存在する

会社から求められる役割や期待から離れて、「自分の軸」を見つけましょう。

「急にそう言われても、どうしたらいいかわからない」と戸惑う人は多いはずです。繰り返しますが、それはあなたがこれまで真面目に組織のために尽くしてきた証拠です。

おそらくこれまでのあなたは、「会社の課題」と「自分の課題」をほぼ同義として重ねてきたのではないかと想像します。

「来期の業績を上げるために」「採用したメンバーを一人前にするために」と、日々向き合う目的のほとんどが、組織に貢献するものだったのでしょう。

所属する会社の一員として成功することが、あなたの報酬や社会的地位を上げ、ひいては人生の成功につながる。

「会社の課題」と「自分の課題」は不可分の関係にあり、「会社の軸」に合わせて成功するために努力を続けることも、大事な人生の一部です。

ただし、あくまでもそれは一部であり、全部ではないことを忘れてはいけません。

会社員として順調にステップアップしていたとしても、ある日突然、役職が外されたとしたら？

重大な不祥事がネット上でリークされて業務停止に陥る、海外の投資家に会社ごと買収される、ＡＩベンチャーの台頭で事業撤退が決まる……こうした激震は、今後あらゆる職場で頻発するのではないかと思います。

強固なものと信じて疑わなかった評価や期待が突然崩れ去ったとき、「自分は何のために生きてきたのだろう」と頭を抱え、途方に暮れる人々の姿が見えます。

大丈夫です。

今はただ見えづらくなっているだけで、あなたの中には必ず「自分の軸」が育っている。あなただけの固有の、生きる道標となる軸が存在しています。

答えはあなたの中にすでにある。あとは丁寧に見つけて、磨いて、活かすだけ。

「自分の軸」を見つける方法は、意外と簡単です。これから一つずつ、お話ししていきます。

ライフラインチャートで自分の「波」を描いてみる

「自分の軸」を探す方法の第一ステップは、自分を客観的に観察する時間を持つことです。

それも短期的視点ではなく、長期の視点で見つめてみる時間です。

具体的には、「**ライフラインチャート**」がおすすめです。

これはグロービス経営大学院に通う学生にも書かせている、自己認知を促進するワークの一つ。過去の人生とキャリアを振り返りながら、自分の「心」がどういうときに喜び、エネルギーの出力が最大化するのかを確認するのに役立ちます。

方法はいたってシンプルです。

真っ白な紙、できればA3サイズくらいの大きな紙を用意して、縦軸・横軸から成る2次元グラフの枠を描きます。

横軸は時間で、縦軸は「心の充実・幸福度」。縦軸には、0を起点にプラス10からマイナス10までの目盛りを振ってください。

「第一志望の高校に入学」「初めての地方勤務」「第一子誕生、郊外に転居」など、生まれてから今に至るまでの出来事を書き入れながら、そのときに心はどれくらい満たされていたか、あるいは元気を失っていたかのレベルを点で表します。そして最後に、すべての点を結べば、1本の波形ができあがるはずです。

波の形は千差万別。極端なジグザグを描く人もいれば、なだらかな曲線となる人もいるでしょう。「この形になるといい」という正解はありません。

できあがった波形をしばし眺めて、自分の心が喜ぶとき、沈むときに共通点がないかをじっくりと考えてみてください。

きっと、何らかのパターンを発見できるはずです。

「自分は報酬よりもスキルアップの実感を持てるときに、やる気が出るタイプのようだ」

「これまでで一番楽しんで取り組めたプロジェクトでは、チームの育成も同時に挑戦できたことがモチベーションになっていたかもしれないな」

「学生時代の留学で環境問題に取り組めたことが、私の根本的な価値観を形成したと再確認できた」

そんな発見は、無自覚だった「心の傾向」を明らかにしてくれるでしょう。

自分がどんなときにワクワクして、どんなときにつらいと感じるのか。そしてそれは、なぜなのか。

自問自答のきっかけをつくるために、「ライフラインチャート」は役立ちます。

漠然と頭で考えるよりも「手を動かす」ほうが、思考は具体的に深まりやすくなります。

その点でも、このワークは「自分軸探し」の手始めとしておすすめです。

■ 著者のライフラインチャート

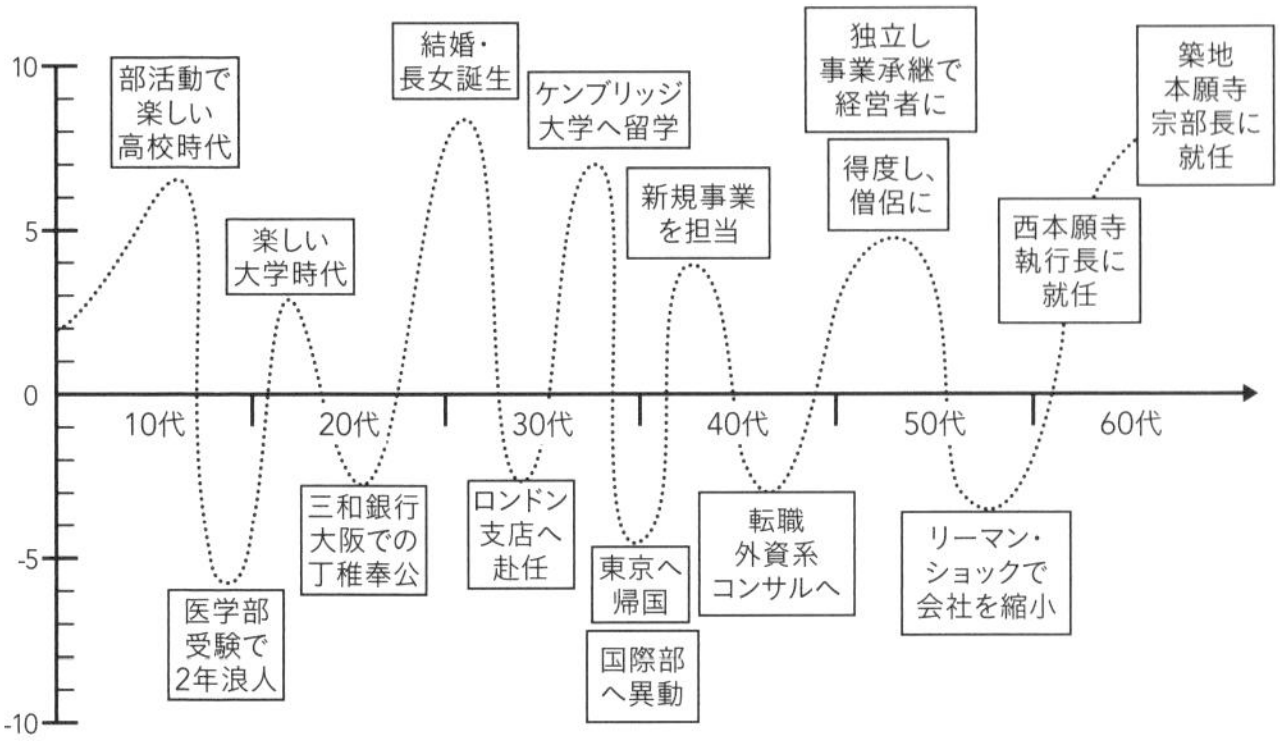

■ 自分のライフラインチャートを描いてみよう

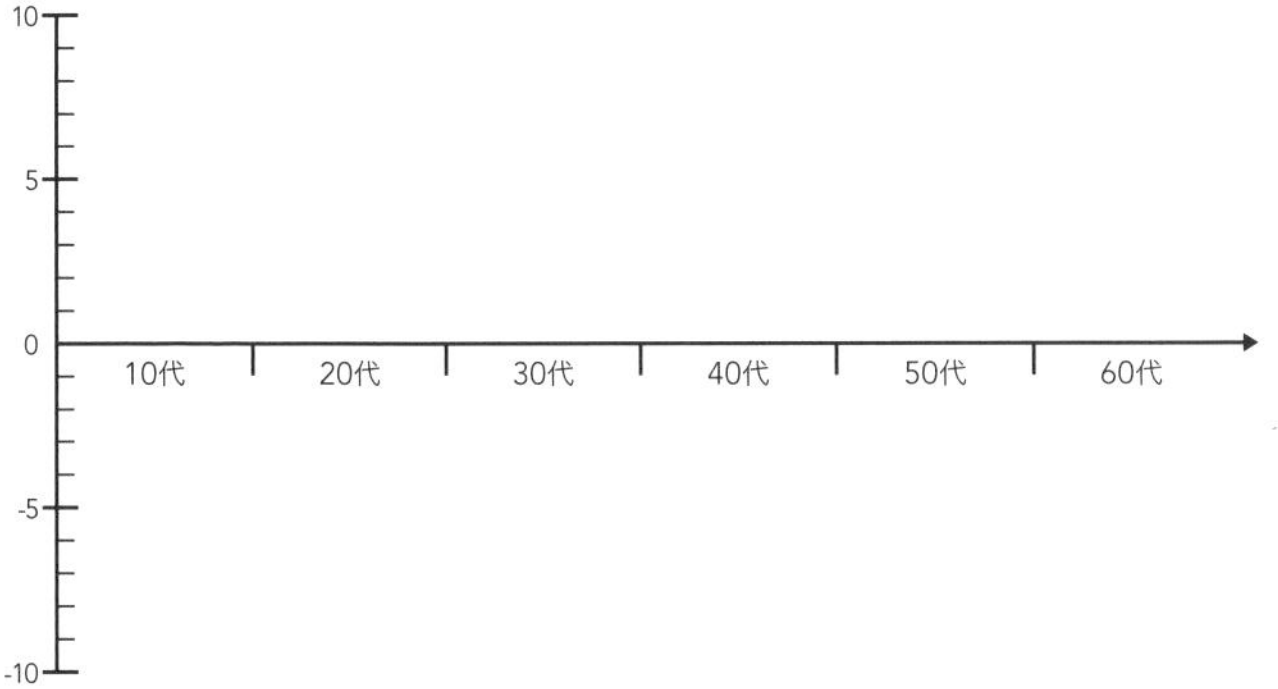

内面と向き合う「2分だけ日記」

「手を動かして、自分の内面に向き合う時間」として、もう一つおすすめしたいのが、「**2分だけ日記**」です。

自分が何をしたいのか、よくわからないな。
理由はよくわからないけれど、モヤモヤする。
そんなときに、私も実践している習慣の一つです。

これも方法は大変シンプルで、紙とペンさえあればどこでもできます。

まず、テーマを一つだけ決めます。「5年後までにやりたいこと」など未来に向けたテーマがいいでしょう。

あとは思いつくままに、ペンを走らせて書き留めるだけ。きれいな日本語でなくてもよし。論理が破茶滅茶でも構いません。

自分に嘘をつかず、頭に浮かぶ言葉を書くだけです。図式や絵で表現してもいいでしょう。

ポイントは、制限時間を決めること。それもうんと短く。2分間で十分です。

時間無制限で始めると、際限なく思考が広がり過ぎてしまい、混乱しかねませんから、短時間でスパッとやめるのがちょうどいいのです。

「2分間でいい」というルールがあることで、忙しい日常の中でも取りかかるハードルが下がる効果もあります。

やってみるとわかりますが、たった2分間でも案外いろいろと言葉が出てくるものです。書きながら、「ああ、自分はこんなことを考えていたのか」と発見がいくつもあるのではないでしょうか。

目的は、「頭の中の考えを外に出すこと」。内面にあるモヤモヤを手を動かして吐き出すことに意味があるのです。

すなわち、紙の上に踊る文字面の意味をつなげたり、ロジックを整えようとしたりする必要はありません。書き出すだけで、内面を見つめる効果があるからです。

書いた文字は見返さずに、捨ててしまって大丈夫。不思議とスッキリと、心が整った感覚を得られるはずです。

情報社会に生きる私たちの毎日は、おびただしい量のインプットに溢れています。誰かの感想、意見、主張に触れる機会が圧倒的に多く、肝心の自分の心を見つめる機会を持つことが非常に難しい。そんな時代に生きていることを、自覚しなければなりません。

「思うままに書く」というのは非常にシンプルにして、「ジャーナリング」と呼ばれ、マインドフルネス（心の充実）を高める手法としても知られています。「坐禅」にも似た効果があるのではないかと、私は考えています。

「今、ここ」に意識を向け、ありのままを観察する

自分の軸を見つけるためのトレーニングの話を続けます。

ここまでで、「ライフラインチャート」で長い時間軸の視点で人生を振り返り、「2分だけ日記」で他者ではなく自分の中にある思いを見つめる時間を過ごすことができました。

さらに、自分の内面に向けて目を凝らし、感覚を研ぎ澄ませていく練習をやってみましょう。

「今、ここ」に集中する練習です。

過去や未来、周囲に起きるさまざまな雑事にとらわれるのをやめて、「今、ここ(here&now)」にある自分が何を感じ、何を思うかだけに神経を集中させる。

いわゆるマインドフルネスな状態を保つ練習と言ってもいいでしょう。

なんだか難しそうだと思った人は多いかもしれませんが、私も時々楽しんでいるのが「**食べるマインドフルネス**」です。

たとえば、ある日の題材はピーナッツ1粒。

買ってきたピーナッツを1粒、親指と人差し指でつまんで、まずよく見る。

「小さいけれど、なだらかな曲線で、ツヤもあって美味しそうだな」と感じたら、口の中に含む。でも、すぐには噛みません。

舌で形や硬さを確かめながら、表面のほのかな塩の味を味わうのです。まだ、噛みません。

上下の歯でピーナッツを挟んで、コンコンと軽く感触を確かめてから、カリッ。割れた瞬間にジワッと滲み出た風味を感じたら、またカリッ。だんだんと口の中に広がるピーナッツの味に集中して……。そうして粉々になるまで咀嚼して味わい、口の中が空になるまでじっくりと「ピーナッツ1粒を食す」ことだけに集中してみるのです。

できれば目を瞑ってください。

時間にして5分ほどですが、五感を研ぎ澄ませて集中しているからか、とても長く感じられます。

題材はたくあんでもチョコレートでもなんでもいいのですが、とにかく一つの対象に集中して、それ以外はすべて捨象する時間を「食べる」という動物的で原始的な行動で試してみてください。

味覚や触覚、嗅覚、視覚、聴覚など、自分の身体的な感覚に対するセンサーは、意識して使わなければどんどん鈍化します。

自分自身のセンサーを意識的に働かせる時間を持つことで、その変化に敏感になれる。結果、自分の心の状態を観察する力が磨かれていくのです。

自分で自分を決めつけてはいけない
可能性はもっと広がる

今よりももっとラクに、心が喜ぶ人生を送りたい、と願うならば、「過去の自分」から一歩踏み出す勇気を持つべきでしょう。

長く大人としての時間を過ごすうちに、多くの人は「自分はこういう人間だ」と、いつの間にか自分で自分を規定して、その枠からはみ出さない選択を無意識に選んでしまうものです。

結果として、同じような服を着て、同じような場所に出かけ、同じような仕事をして、同じような人に会いに行く。

それでは過去の延長線上にしか生きられません。

繰り返しになりますが、そもそも「私はこういう人間だ」という思い込みの根拠が非常に限定的な環境（最初に就職した職場など）に紐づいているケースは少なくないのです。もっとニュートラルに、大胆に、「自分にはいろいろな可能性がある」と信じてみようではありませんか。

人間が能力開発をする上で最も大切なことは、「自分で自分の能力を限定しない」という一点に尽きると私は思います。

もちろん、どこまで到達できるかという程度の問題は現実として存在しますが、動き出すことで人生は確実に変わっていくのです。

69歳の私が突然、バイオリニストに憧れて、国際コンクール入賞を目指してレッスンを始めたとします。どんなに努力したとしても、入賞の可能性は限りなく薄いでしょう。しかし、ゼロではありません。

「今から楽器に挑戦するなんて絶対無理だよな」と最初からブレーキを踏むのと、「どこまで行けるかわからないけれど、チャレンジしてみよう」と始めるのとでは、どちらの人生の風景が色鮮やかに変化をしていくでしょうか。答えは明白ですね。

自分のリミッターを外しましょう。

すると、「あんなこともやりたい」「本当はこれもやってみたかった」という内なる声が聞こえてくるはずです。

「内なる声？　なかなか聞こえてこないぞ」と言う人もいるかもしれませんね。

大丈夫です。ヒントはあります。

ヒントは、子どもの頃の自分の素直な姿にある

「どんな自分にもなれるのだ」と念じながらも、「本当になれるのだろうか」と不安がよぎる人へ。

子どもの頃の自分を思い出してみてください。

5歳の頃、7歳の頃、10歳の頃。

あの頃のあなたは、何に夢中で、日々どんなことを考えて過ごしていましたか？

漫画が大好きで、学校から帰ると部屋でノートにひたすら4コマ漫画を描いていた。

野球ごっこが好きで、隣町まで友達を誘って、放課後に遊んでいた。

父親と行った釣りがきっかけで、魚の図鑑を飽きるまで眺めていた。


子どもの頃は誰もが自分の心に素直に生きています。

誰から強制されるわけでもなく、勝手に始めたこと、続いたことはなんだったか思い出してみてください。

それはきっと、大人になった今のあなたの心を喜ばせることにもつながっているはずです。


クリエイティブな創作活動をしてみたい。

地域のスポーツチームに貢献するボランティアに関わりたい。

海のそばで暮らしたい。


そんな心の声を、子ども時代のあなたが届けてくれるかもしれません。

人間は多面的な生き物
一面を拡大すれば、何者にでもなれる

あなたの家の中にあるコーヒーカップを一つ、持ってきてください。
テーブルの上に置いて正面から見ます。
次に、コーヒーカップを90度回して、もう一度見ます。
さらに90度。
どうでしょうか。すべて見え方は変わりますね。
しかし、どれも同じコーヒーカップですね。
人間も同じです。

一方向から見える姿だけでは、とてもすべてを説明することはできない。

一人の人間の中には、大胆不敵なところもあれば、慎重なところもある。幼な子のような無邪気さと、老人のような達観――。

さまざまな顔を持ち合わせて複雑に成り立つ有機体が、人間というものでしょう。

今のあなたのあり様は、多面体の中のほんの一面を表現しただけのものです。

あなた自身が気づいていない、魅力的な一面はまだまだたくさんあるのではないでしょうか。


他の一面を取り出して、その一面を拡大すれば、新しい自分になれる。

役者の演技とはそういうものだと私は思います。そう、演じればいいのです。

立派に見えるリーダーも、最初から堂々と人前で振る舞えたわけではありません。

その人の一部にあるリーダー性を取り出して拡大し、鍛えていくことで、「リーダー風の人格」が表立って強調されるのです。

あなたの中の多面性に気づき、これからどの面を拡大していきたいかを考える。

これも自分の軸を探すアプローチになります。

一つの場面に、一つの役割「本当の自分」で勝負しなくていい

ここで一つ、誤解を防ぐために伝えたいことがあります。

私はこの本の中で繰り返し、「自分の心に素直になろう」と伝えていますが、「本当の自分をすべてさらけ出せ」と言っているわけではありません。

人間は社会的動物であり、その場その場で求められる役割や期待に応じて、それに沿った能力や人格の一部を使い分けるものです。

いくつもの役柄を演じて、トータルで一つの人格を形成しているというわけです。

私自身も、日常的にさまざまな役柄を演じ分けています。

寺の中では「お坊さん」ですが、家に帰れば「夫」であり「父親」、大学院の教壇に立てば「先生」としての役割を全うし、習いごとの時間はよき「生徒」に。たまに中高時代の旧友たちと会えば、たちまち「40年前の学生」に舞い戻り。

それらすべてが私であり、どれも偽りではありません。

強調したいのは、「この中で〝本当の自分〟はどれだろうか？」と悩む必要は一切ないということです。

本当の自分で勝負する場面などは存在しません。

場面ごとに特有の顔を持ち、その顔でもって豊かな表情を彩ればいいのです。

人生とは、自分で書いたシナリオの中で自分という役者を演じさせるだけのものと思えば、気が楽になりませんか。

場面と役柄が変われば、セリフや立ち振る舞い、衣装や化粧でさえガラリと変えてしまってよいのです。

さらには年齢を重ねるほど、人生経験が増えるほどに、役柄は広がっていく。矛盾があるのは当然であり、一貫性を求める必要もありません。**誰もが多重人格者であると、割り切ってしまいましょう。**

「本当の自分」なんてどこにもいません。

多面的で多彩な顔を合わせたトータルの存在が、他の誰でもない「あなた」です。新たな顔を増やすのも自由自在なのですよ。

「いい子」を目指すのは卒業 親離れ、できていますか

「自分の軸」を手にするために、もう一つ、欠かせない視点は「親離れ」です。

ここでいう「親」とはシンボルであり、あなたをかわいがり、育ててくれた存在のことです。

肉親だけでなく、学生時代の恩師や会社の上司、あるいは会社そのものという想定もできます。

こうした「親」たちは、基本的にはあなたを応援してくれる大事な存在ですが、あなたが変わろうとすることを拒む存在にもなり得ます。

「そんなふうに育てた覚えはない」

「お前にできるわけがない」

「裏切るのか」


親を悲しませてしまうのではないかという不安がありますか？

あえて言いましょう。

その不安は、あなたが勝手に作り出した「幻想」かもしれません。

なぜなら、**本当にあなたの人生を応援する親であれば、あなたの挑戦を否定するわけがありません。**


では、なぜ気になってしまうのか。

あなたが自分の中に蓄積した「親から言われたこと、されたこと」のイメージが膨らみ、暴走している可能性があります。

たしかに過去に言われたことは事実かもしれません。しかし、今も同じとは限りません。本心を知りたければ、想像で判断せずに、直接話してみるべきです。親のイメージを作り上げているのは自分自身だと自覚し、そのイメージを壊しましょう。

また、「親を裏切ることになるのではないか」と不安が襲う背景には、「(親から)あれだけよくしてもらったのに」という恩義があるのではないでしょうか。

しかし、視点を変えて、こう考えてみましょう。

「自分が親にしてあげたことはなかったか?」

人間関係に一方向はあり得ません。

必ず、あなたが相手に施したこともあるはずです。

それで十分なのだと思えば、「親離れ」も難しくなくなるでしょう。
人生の時間には限りがあります。
誰かの「いい子」を演じることから卒業しましょう。

Discover
ディスカヴァー・トゥエンティワン
39周年の「サンキュー!」を込めて
Thanks!
from Discover
プレゼント企画実施中!
全員もらえるプレゼント
&
豪華抽選プレゼント
詳しくはこちらから
https://d21.co.jp/special/thirty-ninth/

異質なものにぶつかると自分が浮き彫りになる

ここまで、「自分の軸」を見つける方法を説明してきました。翻って、私自身が「自分の軸」を見出したきっかけは、「異質の世界に飛び込む」という荒療治でした。

前章で述べたとおり、不意のきっかけで飛び込んだ異国の地の、それまでとは正反対の価値観に触れたことで、もともと自分の奥底に眠っていた関心が呼び起こされ、ギアチェンジをしたのです。

かなり刺激的な方法ですので、万人に気軽に勧められるものではありませんが、効果は絶大です。

異質な世界に飛び込むと、常に自分を問われるからです。

「あなたはどう思うか？」
「どうしてその選択をするのか？」
「AとB、どっちが好ましいか？」

そんな問いに必死に答えるうちに、自然と自分の内面に向き合うことになり、「自分の軸」を徐々につかむことができました。

同質性の高い環境では「あ・うん」の呼吸で何もかもうまくいくので、わざわざ聞かれることのない質問ばかりです。

自分は何者かを浮き上がらせる強力な方法を求めている人には、「外に飛び出してみる」をお勧めします。

留学や海外赴任でなくとも、長期旅行や転職も同様の効果を得られるはずです。

第4章

「自分の軸」を活かす

自分の軸を中心に据える
ただし「自己中心」とは区別する

自分の内面を見つめる時間を積極的に増やし、「こんな自分でありたい」という希望が少しずつ見えてきたら、新たな自分をより豊かに表現する生き方へと歩みを進めていきましょう。

「自分の軸」を〝見つける〟から〝活かす〟へ。

より実践的な段階となります。

ただし、本題に入る前に一つだけ、伝えておきたいことがあります。

「自分の軸を中心に据えて生きること」と、「自己中心的に生きること」は、まったく別物だという点です。

自分の心が向くままに、好きなことを好きなように行えばいいなどと、あなたに勧めたいわけではありません。

当然のことながら、人間の営みは一人で完結するものではありません。

個の実力で道を切り開くクリエイティブの世界に生きる孤高の職人であっても、その作品を求める「誰か」がいないと、その職業は成り立ちません。

自分の心の充実があって、他者の充実にもつながる。それが理想のあり方です。

すなわち、**他者にも喜ばれる自分の長所、特徴、持ち味を存分に活かし、自分自身の好奇心も満たしていく方法を身につける。**

決して難しいことではありませんが、時間はかかりますので、根気強く地道にトライする姿勢が大切です。さっそく始めましょう。

自分の「パターン」を分析し、それが活きる条件にこだわる

誰しもうまくいくときと、何をやってもうまくいかないときがあります。

前章で紹介した「ライフラインチャート」で人生の波形を可視化すると、違いが明らかになるのではないでしょうか。


自分はどんな状況で、どんな意識で行動するときに、いい結果が出やすいのか。

たとえ結果が出なかったとしても、心が喜び、いきいきとした日々を送れるのはどんなときか。逆に、うまくいかないときには、どんな共通点があるのか。

一歩引いて自己分析をしてみると、一種の「パターン」のようなものが見えてくるはずです。それがあなたの「特性」です。

その特性を活かすには、どういう環境に身を置くのがベストなのか。

これも、自分らしく力を発揮する上で役立つ知恵となります。

注目すべきは、「うまくいかないとき」にこそヒントがあるということです。

何を隠そう、私自身も「不得手」から「得手」を獲得してきた実体験があります。

今でもそうですが、私は幼い頃から好奇心旺盛で冒険心も強く、興味があるものには臆せず飛び込む気質がありました。

高校時代に所属していたのは、生物部と柔道部と山岳部。

心理学に興味を持ち、医者を目指すも、受験対策に出遅れて失敗。その後に司法試験合格を目指すも、これも勉強に費やす時間が足らずに失敗。最低2年間は勉強だけに没頭しなければならなかったのに、対策を見誤ったのです。

このままでは何も身につかない大人になってしまうという反省を経て、社会に出てビジネスパーソンになってからは、「**新しい知識を習得するときの最適なパターン**」を導き出すべく、さまざまな試行錯誤を重ねました。

すると、だんだんと見えてきました。

たとえば企業の経営統合に関わるファイナンスの知識を身につけようと思ったとき、最初の1カ月は本を読んだり、セミナーを聞きに行ったりと、集中してインプットをして、大まかな知識を得る。

「だいぶつかめてきたな」という感覚になったら、さらに勉強を続けて、ほかの専門家とも話が通じるようになってくるのが3カ月目くらい。

さらに情報収集を続けて半年も経つ頃には、10年前からその分野を渡り歩いてきたかのようなしたり顔で、人前で教えられるくらいまでになる。

そうしてプレゼンテーションの自信もついてから、新規事業の企画を立てると、成功確率もぐんと上がる。

興味、勉強、実践。このサイクルが、自分にとっての「得意なパターン」だと気づいてからは、いろんなことがうまく回るようになりました。

内向的でもいい
磨けば光るものを磨く

自分の中に埋もれた才能。それを磨くことができるのは、あなた自身です。

「私には大した能力はない」と自己卑下する人は少なくありませんが、誰にでも磨けば光るものは必ずあります。

これまでの経験を振り返って、「あのときの自分はイキイキと、能力を活かせていたな」と感じる記憶はありませんか。

もしもなかなか見つからない場合には、身近な人に客観的な意見を求めてみるのもいいでしょう。

昔、こんなことがありました。

当時の上司が神妙な面持ちで、私に相談を持ちかけてきたのです。

「私の息子のことなんだがね。大学を出て入社した会社の中で、どうも力を発揮できていないようなんだ。不器用なところがあって失敗が続いて、希望の配属もかなわずに塞ぎ込んでいるらしい。安永君、ちょっと会って話を聞いてやってくれないか」

お会いしてみると、息子さんはたしかにハツラツとしたタイプではなく、どちらかというと内向的。人前で話すのは苦手だということがすぐにわかりました。

しかしながら、30分も会話をすると、地頭がよく、話の本質をつかんで論理的に構造を組み立てるのがとてもうまい方であると感じられました。

「あなたは、相手が好き勝手に話した内容の要点を絞って、筋を並べて、ポイントをまとめる能力が非常に高いですね。商談成立に欠かせない『要件整理』の仕事がとても向いていますよ」

私がそう言うと、息子さんの表情がパッと明るくなりました。

「そうですか。考えたこともありませんでした。たしかに、私は自分でプレゼンをするのは大の苦手ですが、お客さんが話した内容をその場で短くまとめると、喜ばれたことが何度かあります」

「それですよ。要件整理は重要なプロセスですし、求められる仕事はたくさんありますよ」


翌日、オフィスに出社すると、上司が私の席に飛んできました。

「安永君、息子に何を言ったんだい。上機嫌で帰ってきて、別人のようにやる気がみなぎる顔つきで、出勤して行ったぞ」

成り行きを話すと、上司は本当にうれしそうな顔をして、感謝の言葉を繰り返していました。

誰にでも「磨けば光るもの」は存在します。

ただし、その光るものが、はじめからわかりやすくピカピカと光って表に出ているとは限りません。

決して派手ではなくても、人の役に立ち、喜ばれる能力はたくさんあるのです。

目を凝らして、じっくり観察し、ぜひ見つけてみてください。

行動を変えると、景色が変わる 新しい景色は、思考も新たにする

過去の延長ではない自分へと、変わることを恐れない精神はどうしたら鍛えられるのか。

重要なのは、変わることそのものへの心理的ハードルを取り去って、変化をポジティブに受け入れるかどうかです。

不安がある方に、ぜひ試していただきたい方法があります。

「いつも使っている通勤ルートを変えてみる」という方法です。

拍子抜けするような意外な方法かもしれませんね。しかし、これは確実な効果を実感できます。

自宅からバス停までのブロックを曲がる道順を、逆方向に歩いてみる。
会社の最寄り駅ではなく一つ手前の駅で降りてみる。
車で10分の距離を、あえて30分かけて自転車に変えてみる。

できる範囲で結構です。ちょっとルートを変えてみるだけで、通勤が新鮮に感じられるのではないでしょうか。

目に入る看板、植物、すれ違う人たち。見慣れた風景とは違う情報がインプットされるだけで、気分がリフレッシュされます。
ただそれだけの変化でも、私たちの心は敏感に反応し、刺激を受けて、新しい発想が湧いたりするのです。

私自身も、時々あえて遠回りして通勤ルートを変えてみるのですが、やはり如実にアンテナが反応するのを感じます。

旅行のリフレッシュ効果は「景色の変化」によってもたらされるものですが、通勤ルートを変えるだけでも近い効果が得られるのではないかと私は思っています。

自分から挨拶をするだけで周囲の環境が激変する

インプットを変えることによって自分を変える。

その入門編として「通勤ルート」に着目してお伝えしましたが、さらに踏み込んでみましょう。

「挨拶」から変革を起こすのです。

これも決して難しいことではなく、誰にでも始められる方法です。

今日から、会社ですれ違う人すべてに対して（もちろん知らない人にも）、自分から挨拶

をするという習慣を始めてください。

「私はきちんと上司や同僚に会ったら『おはようございます』『おつかれさまです』と挨拶しているので、もうできていることだ」と思った人も、あらためて普段の行動をふり返ってほしいのです。

上司だけでなく部下にも、〝自分から〟挨拶をしていますか？

エントランスに立つ警備員や清掃員、コーヒーを買う売店のスタッフの方にも、〝自分から〟挨拶をしていますか？

とにかくすれ違う人すべてに、〝自分から〟挨拶をすることを心がけてみてください。

これまで挨拶をしてこなかった相手に対してあなたが挨拶をすると、相手は驚いて「キョトン」とした反応があると思います。気にせず何くわぬ顔で、翌日も挨拶をしてください。

そのうち、相手からも挨拶が返ってくるはずです。

ネクストステップは、挨拶に「プラスアルファの一言」を添えてみる。

「おはようございます。最近、調子はどうですか」
「おはようございます。今日はお顔色が一層いいですね」
「おはようございます。昨日の会議のプレゼン、よかったですよ」

そんな一言を添えてみましょう。

照れがあるかもしれません。人に話しかけるのが得意でない人にとっては、ちょっと勇気が必要ですね。

ならば一人になる時間に、声に出して練習してみるといいと思います。

実際、私がキャリアコーチとしてコーチングセッションを行う際には、30分ほど練習時間をとっています。

「挨拶プラスアルファの一言」を実践した人は、２週間後には確実に顔つきが変わります。職場のコミュニケーションが円滑になり、「なんだか仕事がうまく回るようになりました」と報告する人が少なくありません。

何が起きたかというと、自分から声をかけるアクションを繰り返すことで、相手から情報をもらえるチャンスが増えたのです。

情報をもとに企画を練り上げたり、より深い相談ができたりと、仕事の成果につながるサイクルが回り始めるのです。

たかが挨拶、されど挨拶。

自分を活かせる環境づくりに絶大な効果があることをお約束します。

苦手な相手にこそ感謝を伝える
誰よりも自分のために

自分をより活かすために「環境を変える」という選択肢があります。転職や転居が典型例です。

しかしながら、今いる環境を離れることなく、より居心地のよい環境へ変えることも可能です。

先ほど述べた「挨拶」もその方法の一つですが、さらにパワフルな特効薬となるのが「感謝を伝える」というアプローチです。

それは、日ごろ接する誰かを一人選んで、その人に向けて「感謝の手紙」を書き、本人の前で読み上げるというもの。

できれば苦手な上司や、いつも気まずい雰囲気になってしまう相手をターゲットにしましょう。

これは私が主宰する研修で10年以上、参加者向けの「宿題」として出し続けているものですが、かなり反響があります。

「手紙を書いて渡すだけならまだしも、相手の前で読み上げるなんて気恥ずかしい」と抵抗を感じる人は、「申し訳ないが、西本願寺の安永というお坊さんからの指示で、どうしてもやらなければならないので、お付き合いを願います」と言い訳していただいて結構です。

そもそも年賀状のやりとりすら希薄になっているという現代に、手紙を書くというのは、なかなか気が進まないことかもしれません。

しかし、だからこそインパクトは大きく、「人間関係が劇的によくなった」という反応がよく聞かれるのです。

栄転や出世、家庭内不和の解消など、人生を明るく前に進める変化を報告する人が毎年います。

重要でありながら後回しになりがちな「感謝を伝える」という行為を、身近な人のために実践する。それも、口頭ではなく手紙という形式を取ることに意味があります。

形に残る前提で文章でしたためる行為によって、否応なく、相手との関係性を振り返り、相手に伝わる表現で「あなたからしてもらってうれしかったこと」を言語化する時間を味わうことになるでしょう。

この時間は、相手を喜ばせるためならず。自分自身を見つめる時間になるのです。

なぜうれしかったのか。なぜ感謝を伝えたくなったのか。

自己開示を通じて、自己理解が深まります。

自分という存在にとって、相手がありがたい存在であることを認知し、また、そうした関係性をつくってきた自分自身にも愛情が増すことでしょう。

すなわち、相手に感謝することは、自分を認め、自分を愛することにつながるのです。

結果、劇的に人間関係が改善し、かつて抱いてきた居心地の悪さは、どこかへ消えてしまうことでしょう。

第5章

「自分の軸」を守る

沈み込むときもある
心のありようをそのまま受け止める

自分の内面を見つめ、「ありたい姿」に正直に生きていく。変化の激しい時代に、長い人生を生き抜く上で、大切に保ちたい姿勢です。

自分の心に対して敏感になると、それが常に「好調」とは限らないことにも気づきやすくなるはずです。

誰だって落ち込んだり、焦ったりするときはあります。前に進まなければと思いながらも、うまく進めない。

そんなときの**「自分の傾向」をよく知り、「自分の取り扱い方」を獲得し、しなや**

かな強さを身につけていきましょう。

何を隠そう、この私もかなり頻繁に落ち込むタイプです。

人前で意気揚々と話をし、言いたいことをハッキリ申し上げて、活発にいろんな所に顔を出すアクティブな面が周囲にも印象づいているようですが、実は鬱々と沈み込む日も多いのです。

誰にも会いたくなくなり、外に出かけるのも億劫に。いわゆる躁うつ気質なのではないかと感じています。

といっても、本人は至って冷静に「ああ、そろそろ落ち込みそうだな」と受け止めるので、慌てることはありません。

日ごろから、自分の内面に向き合って観察しているので、小さな予兆に気づきやすい。だから、早めに対処ができる。

結果的に、仕事をドタキャンして大きな穴を開けるような事態には至りません。

「誰にでも沈み込むときはある」という前提に立ち、自分の傾向を知り、手立てを講じる。これが重要です。

私の場合、心が沈んだときの対策は「じっとしている」です。身をかがめて、静かに過ごすことが私の定番の手立てです。

宴会のお誘いには乗らずに、家で一人で過ごします。

本を読んだり、ジャズを大音量でかけて音楽に没頭したりして、外界とは完全にシャットダウンして、擦り切れた心を癒やします。

心が疲れているときには、無理をしてアクセルを踏んではいけない。適切にギアダウンをしないと、空吹かしになって擦り切れて、再起不能になってしまいます。

人間誰しも、波があり、不調なときがあるのは自然です。

低調の波を乗りこなす知恵を身につけると、過剰な恐れから解放されます。

自分の波を観察する「心の体温計」でモニタリングを

自分の傾向を知るには、自分の状態を観察するモニタリングの習慣を持つことが重要です。

習慣といっても、毎日決まった行動を課すほどではなく、ストレスサインをチェックするという意識があればよいでしょう。

ストレスサインは、「そろそろ疲れが溜まりそうですよ」という心身の訴え。

人によって、その現れ方には違いがありますから、自分の状態を日々観察して、「こういう予兆が出た後に、不調になることが多いな」と分析してみてください。

たとえば、胃の痛みや肩こり、不眠など、いろんなサインの種類があると思います。

私のストレスサインは「腰痛」に現れることが多く、腰の違和感に気づいたら、早めに対処をします。仕事の予定をできるだけ緩やかに調整し、鍼灸やマッサージでケアをして、リラックスできる時間を意識的に増やします。

一方で、自分の感覚だけに頼るのも危険です。

あまりに集中して突き進んでいると、ストレスサインにさえ気づかずに暴走してしまうときもあるからです。しかし、その末路は「無理がたたって病に倒れる」。

だからこそ、自分が気づけない場合のリスクに備えるのが賢明です。

おすすめしたいのは、周囲の信頼できる人に「私の様子が普段と違うと感じたら、遠慮なく教えてほしい」とお願いをしておくこと。

私の場合は、部下に「ちょっと言葉がきつくなったら、指摘してほしい」と普段から伝えています。外からアラートを鳴らしてもらう備えをしておくと安心です。

体の不調は体温計や血圧計で測れますが、心の不調はなかなか見えにくい。

だからこそ、自分なりのモニタリング習慣を見つけておきたいものです。

休むときは休む
五感が喜ぶ安らぎを

「私、休むのが下手なんです」――。

40代くらいでしょうか。いつも丁寧な連絡をくださる編集者の方が、ふと漏らしたことがありました。

優秀で、周囲から期待をかけられている方ほど、〝休み下手〟なのかもしれません。ついつい、人の分まで仕事を引き受けて、いい加減にはできないからと、全部頑張り過ぎてしまう。

真面目を自覚している方は一層のこと、「休む」ことの重要性を知ってほしいと思います。

心がけていただきたいのは、休み方の質を高めること。

オフィスに出社しないことだけで、休んだ気になっていませんか。

たしかに体はラクかもしれません。しかし、心は本当に安らいでいますか。

と言いながら、私もかつては「休み下手」でした。

特に経営に近い立場になってからは、「あの問題はどう解決したらいいのだろう」「そういえばあの件の報告がないな」と仕事のことが四六時中気になり、床についても夢にまで出てくる始末。

これではいけないといろいろ試した結果、「環境をガラリと変えて、普段とはまったく異なる刺激を吸収する」という方法が、自分にとってはベストであることがわかりました。

たとえば、車を飛ばして海辺まで行ってみる。

砂浜に座って30分間、水平線と水面の揺らぎを眺めながら、ただ波の音を聞くだけの時間を過ごすと、不思議と心と頭がすっきりと整っていきます。


きっと、海辺の環境は「五感」を心地よく刺激する要素が揃っているのでしょう。海の淡い青、寄せては返す波の音、そして潮風の匂い、手のひらに触れる砂の感触。これらの刺激に身を委ねるだけで、自分の内側に知らず知らず溜まった未処理の蓄積が、ときほぐされていくのです。

仕事帰りに映画館でレイトショーを観る、カラオケに行く、なんでもいいのです。

普段とは異なる環境で、新しい刺激を受けてみる時間を短くてもいいのでつくってほしいと思います。


外出がかなわなければ、家の中でも実践できます。

挽き立てのコーヒーを飲みながら、音楽をかけて、メロディーに身を浸してみるのもいいでしょう。

読書が好きな方なら、「昔読んだ本」を読み直してみるのもおすすめです。

私は本を読むときに、感銘を受けた箇所に線を引きながら読むので、同じ本を再読すると「過去の自分」と出会えるのです。

線が引かれた箇所は、過去の自分が何かを感じ取った箇所です。おそらく今の感性との違いを発見できるのではないでしょうか。

「なるほど。5年前の私はこんな表現に胸を打たれたのか。ああ、たしかあの頃は部下との関係に悩んでいて……。今はだいぶ、余裕を持って接することができるようになったなぁ」

過去の自分が残した記録から、自分の変化や成長に気づき、現在の自分の立ち位置を客観的にとらえやすくなります。

心身一如
体を癒すと心も癒える

仏教に「心身一如」という言葉があります。

心と体はつながっていて、互いに影響し合うという意味です。

心が疲弊していると体も不調になり、逆に心が健やかなときは体も軽く感じる。

経験的に肌感覚で理解できる方は多いのではないでしょうか。

実際、私は精神的に消耗してくると、体中の筋肉がこわばり、肩や腰の張りが強くなります。

逆にいえば、「肩凝りがひどいな」「背中が突っ張っているな」と感じたら、心がレスキューサインを発していると理解し、メンテナンスに努めます。

鍼の先生から聞くところによれば、「何かと目配りが利いて気を遣う人は、お尻の筋肉が硬くなりやすい」のだそうです。


体と心の状態は連動し、影響し合っている。


すなわち、心が疲れたときには体のケアからアプローチすることで、心も癒すことができるということになります。

また、逆も真なり。心を整えることで、体の調子も整いやすく。

自分に合う心身のメンテナンス法を用意しておくと、心のＳＯＳに対処しやすくなります。


ジョギングなど、動的な運動が合うという人もいるでしょう。

黙々と筋肉トレーニングをするのがいい、呼吸法で酸素を全身に巡らせるのがいい、あるいはサウナで汗を流すと調子がいいなど、人によって最適な方法は異なります。

瞑想や座禅など、「マインドフルネス」と呼ばれる内面を見つめる時間もまた、心のみならず体のケアにもなっているのです。

自分に合うチャンネルはどれか、貪欲に探しましょう。

私もこれまで「いい」と聞いたセルフケアをいろいろと試し、一時はタッピング（TFF〈Thought Field Therapy〉といい、一定のリズムで、体のツボに軽く触れるケア）に凝って、資格も取得したほどです。

重要なのは、それだけ自分の心身を大切に考えて扱おうとする、その気持ちを保つことです。

いいときも悪いときも、そのままの自分を受け入れる練習となり、「自分の軸」を保つ基盤をつくります。

完璧でない自分を心から好きになれた人は強い

「自分の軸」を信じて、一歩を踏み出すことができないのはどうしてか。
それは自信を持てないからだと思います。自分自身を信じられないからです。

なぜ信じられないか。自分の欠点は誰よりも自分が知っているからです。

相変わらずだらしないし、すぐ忘れるし、ダイエット中なのに深夜のラーメンがやめられない。夫婦喧嘩は絶えないし、上司の顔色ばかりうかがっている。
そんなダメな自分。あなたが一番知っていますよね？

それでいいではありませんか。

完璧な人間なんて、どこにもいません。みんなそれぞれに欠点を抱えて、それでもなんとか自分を受け入れて生きているのです。

いいところもあるが悪いところもある。それもすべて引っくるめて、自分という人間が好きである。

このように無条件で自分を受け入れられる人は、強いんです。

ナルシシズム的な「自己愛」とはまったく違います。

「モデル体型で服をカッコよく着こなせる自分が好き」「出世して、立派な肩書きを持った自分が好き」といった〝条件付きの愛〟ではなく、丸ごと包み込む愛です。

自分の中の凸凹や多様性を理解した上で、「なかなかうまくいかないよね。でも、お前もよくやっているよね」と、自分の肩を斜め後ろからポンポンと叩いてあげる。

そんな気持ちを持てると、自分のどんな選択も結果の良し悪しにかかわらず、「グッドジョブ」と認めることができるのです。

自己承認を積み重ねることによって、「自分の軸」の幹は少しずつ太く、強靭になっていきます。

そして、ここからが重要なのですが、**自分を丸ごと好きになれる人は、他人に対しても寛容になれます。**

いいところも悪いところもあって当然と、「完璧な人間」であることを相手に強いず、やり過ごせるようになるでしょう。

心穏やかに、しなやかに、人間関係も良好になります。

仏を信じることは、自分を信じること
私たちはすでに守られている

自分を丸ごと受け入れる。
その感覚がなかなか持てないという人に、一つだけ、浄土真宗の僧侶の立場からお伝えしたいと思います。

もしあなたが自分を丸ごと受け入れられなかったとしても、浄土真宗の阿弥陀如来は、いつでもあなたを受け入れてくれています。

阿弥陀如来は無限の光と無限の命として、この世の隅々にまで満ち溢れていて、誰一人とも取りこぼすことなく、「そのままでいい」と受け入れてくれる存在なのです。

もしあなたが自分を好きになれなくても、周りの人から拒絶されてしまったとしても、最後の最後には阿弥陀如来が受け入れてくれると思えたら、ちょっと気持ちが楽になりませんか。

仏様でも神様でもいい。宗教を信じるというのは、つまり、究極的に自分を受け入れて好きになるということではないかと私は思います。

自分には絶対的に応援してくれる存在がいると思えたら、前に踏み出す勇気も湧いてきます。

人類が長い歴史の中で、宗教という精神世界を持ち続けた理由は、自分という存在を保つために欠かせない支えであったからなのでしょう。

自分を好きになるために宗教の力を借りることも、決して神仏に対する冒涜にはなりません。

迷ったとき、孤独を感じるとき、「阿弥陀様が見守ってくれる」という「究極的な救い」があることを知っていただきたいと思います。

第6章

失敗や逆境に負けない自分になる

新しいものへの恐れをチャレンジにつなげる

「安永さんはどうしてそんなに器用に異世界にパッと飛び込めるんですか？」

日本の銀行に20年以上務めた後に外資系の人材業界に進み、さらには仏門へと転向した私のキャリアを知る人からは、幾度となくこの質問を受けてきました。

たしかに、経歴を振り返ると、私は未経験の分野に挑戦するのが好きなようです。

しかしながら、その原動力はなんだったかというと恐怖心――「恐れ」であったと感じています。

未知の世界、これまで得た経験や勘が通じないであろう場所に踏み込むときに味わう、足がすくむような感覚。

失敗の不安に襲われながらも、でも怖いもの見たさが勝ってしまう。冒険心ともいうべきか、おそらく私には「まったく知らない世界へ行ってみたい」という根源的な欲求があるのかもしれません。

そういえば、旅先を決めるときも一度行った場所には滅多に行かない主義。未知との出会い、驚き、衝撃を、気づけば求めているのです。

そして、**実際に踏み出してみると、なんとかなる。**

立ちはだかる壁ばかりですが、一つひとつ乗り越えるうちに、自分の後ろにしっかりと足跡が続いていた——そんな経験を重ねるうちに、「恐れ」はネガティブな感情ではなく、冒険心の火種へと変わっていきました。

変化の激しい今の時代において、「未知との出会い」の頻度は高まっています。AI技術の進歩やさまざまな環境変化によって、想像をはるかに超える事象がどんどん生まれてくるはずです。

未知を目の当たりにしたときに本能的に恐れを抱くのは人間の自然です。**その恐れを、次のステップへと変えていけるかどうかが、これからの時代を楽しめるカギになるのではないでしょうか。**

一歩を踏み出せないのは傷つくことが怖いから

挑戦しましょうと言われても、なかなか一歩を踏み出す勇気が持てない。
そんな自分を「情けない」と卑下することはありません。それが普通だからです。

では、ここから先、どうするべきか。
まずは、踏み出せない原因を真っ直ぐ見つめてみましょう。
原因は「未知の世界が怖いから」でしょうか。

いえ、怖いのは「未知の世界」ではありません。

未知の世界に飛び込んだ後、失敗をして「自分が傷つくこと」が怖いのです。

すなわち対処すべきは、安心安全な環境に留まることではない。「自分が傷つくことへの恐れ」を取り除くこと。傷つくことに対する耐性を強化することでしょう。

有効な方法が二つあります。

一つは、**失敗そのものに対するネガティブな捉え方を反転させ、ポジティブに受け止めること。**

失敗は、自身の奢りや甘えを浮き彫りにし、直視せざるを得ない状況をつくる、絶好の成長機会になります。

失敗する前と後では、確実に世界の見え方が変わります。より謙虚に、広く見渡すことができるはずです。

何より、再び似た状況に遭遇したときに、「同じ轍は踏まないぞ」と自信をもって行動の判断ができることが、失敗がもたらす最大のメリットです。

このように書くと「安永は本当におめでたい人間だ」と笑われそうですが、失敗の後にこそ、人生の醍醐味があると言って過言ではありません。

実際、私は失敗を重ねるたびに、自分の人生の幅と深さが増したという感覚を得てきました。

もう一つは、**自分の恐れをよく観察すること。**

どんな環境で、どんな相手と、どんな状況に面したときに逃げ出したくなるのかを、客観的に分析してみるのです。

自分の頭の後ろ、角度にして45度斜め上、2メートルほど離れた位置に、もう1人の自分がいて、目の前の自分自身のふるまいを観察してみるようなイメージを持つといいでしょう。

心理学にも「ディスタンシング」という手法があるそうですが、まさに距離を置いて自分を客観視するトレーニングを日ごろからしておくと、不安や畏怖を抱いたときに冷静さを取り戻すことができます。

まずは「怖がっている自分」を認めた上で、「たしかにこっちへ進むのは怖いよな。だったら、回り道してみるのはどうだろう」と自分自身へ提案をしてみる。

恐れを克服する近道は、恐れを丸ごと受け入れ、一旦離して、上手につきあうこと。「恐れる自分」を恐れなくなれば、踏み出すための勇気はさほど必要なくなるでしょう。

思い切りジャンプはしない
着実な小さな一歩から

新しい挑戦へと踏み出そう、と強調しているようですが、何も「無茶をしなさい」と言っているわけではありません。

突拍子もなく会社を辞めたり、触るどころか見たこともないような世界にいきなり飛び込んだりするのは、はっきり言って無謀です。

何も失うものがない若い頃ならまだしも、人生経験を重ねて、しがらみもそれなりに引きずっている年代になると、無茶はできません。

重要なのは、小さな一歩から恐る恐る始めることです。

ビジネスの世界から仏の世界へ、「異色」と言われるキャリアチェンジを果たした私も、いきなり「えいや！」と飛び込んだつもりはありません。

少しずつ少しずつ、好奇心のままに、あるいは呼ばれるご縁に任せて、あれこれと試行錯誤をするうちに、いつの間にか馴染んでいった。らせん階段状のプロセスを踏んで、今に至るのです。

もう少し具体的にお話しするならば、私が最初に仏教の世界に好奇心を向けたのは、「人生の後半をどう生きるか」と自問をしていたヘッドハンター時代に、たまたま目に留まった仏教の通信教育の新聞広告がきっかけでした。西本願寺による中央仏教学院通信教育部の生徒募集のお知らせです。

当時、興味の赴くままに、いろいろなテーマのセミナーやワークショップに顔を出していた私にとって、仏教との出会いは「自己啓発の一環」だったのです。

もともと学生時代から心理や精神の分野に関心があったこともあり、学んでみるとその世界の奥深さに惹かれていきました。

その後、勉強仲間からの勧めもあって、僧侶となる覚悟を定める「得度式」を受けるための勉強を続け、晴れて50歳にして僧侶に。その後、これもたまたま大学の先輩から頼まれて、ご実家のお寺を手伝うことに。まだ仕事は続けていたので、「週末パートタイム副住職」という〝副業〟的な働き方でした。

グロービス経営大学院で教えていたこともあって、築地本願寺で開催される有識者会議「拓心会」に呼んでいただき、年2回ほど顔を出していました。そこでの私の自由な発言がよほど目立っていたのか、当時の事務方トップからご指名をいただき、寺院経営について意見する評議員を拝命することに。図らずも、〝社外取締役〟のような立ち位置となったわけです。

「言いたいことは言う」のがモットーの私です。

「せっかく意見を求められているのだから」といろいろな改革案を提案していた結果、築地本願寺の経営を任されるという大役につながっていきました。

自分でもまったく予想しない展開でしたが、後から振り返ると、不思議なくらいなめらかに階段を上らせていただいた気がします。

階段を一段一段、踏みしめながら、「なんとか進めそうだな」と確かめるような感覚があったからこそ、ここまで登り切れたのでしょう。

何事もとらえ方次第
自分で自分を認める心を

どんなに慎重に事を運んだつもりでも、失敗という結果に終わることもあるでしょう。

自分の軸に正直になって、勇気を出して挑戦した結果が思わしくなかったとき、ショックを受けない人はいないでしょう。

落ち込むときは落ち込んだほうがいい。

ただし、落ち込んだまま、いつまでも浮上できないのは良くありません。人生に残された時間は、それほど長くはないのですから。

何事も捉え方次第なのだと、私はよくお伝えしています。
たとえば、コップに水を半量ほど注いだのを見て、「まだ半分しかない」と捉えるのか、「もう半分もある」と捉えるのか。
事実は同じであっても、人によってその受け取り方はまったくの正反対になり得るのです。

私たちのものの見方は、常に主観的であって、なんらかの解釈の偏りがある。
目の前にある事象はよく見えているようでいて、本当の意味で「あるがまま」に見ることはできないのだ。

そんな前提に立ち、自分の捉え方を疑ってみると、ぐんと視野が広がるはずです。

失敗についても、捉え方次第。

「これで終わり」と絶望するのか、「次に活かせる学びを得た」と顔を上げられるのか。できれば後者でありたいものです。

少なくとも私は、「結果はともかく、ナイスチャレンジだったぞ」と挑戦の勇気を讃え、自分で自分を認めてあげたいと思います。

覚悟を持って自分の野心を発揮する 今日できることに全力を尽くす

2021年、グロービス経営大学院の「あすか会議」というカンファレンスで塩沼亮潤さんとじっくり対話する機会がありました。

塩沼さんは、仙台市秋保にある福聚山慈眼寺を開いた金峯山修験本宗の僧侶。非常に過酷な修行として知られる「大峯千日回峰行」を満行した史上二人目の人物です。

最後は水も飲まず何日も過ごし、皮膚が空気中から水分を吸収する感覚にもなると聞き、「寺の家に生まれたわけでもない塩沼さんが、なぜ厳しい修行を乗り越えようと考えたのか」という一点に、私は興味を持ちました。

聞けば、小学生の頃にたまたま観たテレビ番組で千日回峰行を知って、「自分も挑戦してみたい」と決意したのだそう。

そして高校を卒業した後、本当に吉野の金峰山に入寺し、厳しい修行の道に入ったのだと言います。

話を聞きながら、私が感じたのは塩沼さんの並々ならぬ「冒険心」です。

あるいは「野心」とも言うべきか。

内側から湧き上がる「これに挑んでみたい」という気持ちに素直に向き合って、誤魔化さず、純粋に打ち込む。

「そんなことできるわけない」「それをやって何になる」といった周囲の批判や雑音には惑わされず、自分の軸をグッと握りしめて離さない。

ちょっとやそっとのことでは揺るがない覚悟が、塩沼さんにはあったのでしょう。

死の恐怖も隣り合わせの修行を達成できたのはなぜなのか。

塩沼さんに直接聞いてみると、「その日できることに全力を尽くす。それを繰り返すだけです」という答えが返ってきました。

その日その日にできることだけに集中し、全力でやり切る。

1日を終えたら、「今日できたのだから、明日もきっとできる」と信じて、また朝を迎えて繰り返す。

目標を見失わず、歩みを止めない。

人それぞれ、挑戦の道は違えど、すべての人生に通ずる姿勢であると、深く共感をしました。

言いたいことは明快に言おう 〝よそもの〟だからうまくいく

慣れた環境から、未知の世界に飛び込むのには勇気が要ります。

私も最初の転職をするときは、恐れや不安がありました。

自分が培ってきた経験やスキルがまったく通用しないんじゃないか、つい空気を読まずに意見を言って衝突を生んでしまうんじゃないかと。

日本企業から外資系企業へという、カルチャーギャップの大きい転職だったこともあり、「ヘマをしてクビになったらどうしよう」と緊張しながら出社の初日を迎えた記憶があります。

実際に飛び込んでみると、抱えていた不安や恐れは徐々に消え去っていきました。

その後、私は独立を経て、2015年に築地本願寺に〝転職〟し、さらに2022年には京都の西本願寺へ。

世間には「異業種転職」を経験した人は少なくありませんが、私のように「ビジネスパーソンから、お寺の経営者に」というコースを歩んだ人は滅多にいないでしょう。

不安や恐れがなかったと言えば嘘になりますが、この頃には「やってやるぞ」という気持ちのほうが優っていたように思います。

なぜなら、「〝よそもの〟であることは強みになる」という思考を、私は獲得したからです。

〝よそもの〟であることは、ネガティブに働くとは限らない。むしろ、良い作用を組織にもたらす可能性があるのです。

組織の中に浸透した「常識」や「慣習」をまっさらな眼で疑い、「もっとこうしたらいいのでは?」「そもそもそれは必要なのですか?」という疑問をぶつける役割は、〝よそもの〟だから担えるもの。だから、思ったことはどんどん臆せずに言うべきです。

お寺で婚活や結婚式ができる企画や、オンライン法要や「合同墓」システムの導入、朝食を売りにしたカフェ運営など、築地本願寺で私が実行した改革の詳細については、既刊『築地本願寺の経営学』(東洋経済新報社)にまとめていますが、「お寺とはこうあるべき」という概念がまったくなかった〝無知〟を私は最大限に活かして、かなり思い切った試みを進めていきました。

かといって、やみくもに好き勝手に考えていたわけではなく、人口が急激に減少する時代の寺院経営のサバイバル戦略として、私なりに真剣に考え、ベストな打ち手として提案をしたものです。

本の冒頭にも述べましたが、これから日本の社会は劇的な変化のときを迎えます。変化を乗り越えて生き残るためには、過去に積み上げた「負の遺産」をいかに捨て去り、手放せるかが鍵となるでしょう。

時折、誰もが名前を知る大企業の組織的な不正が発覚し、世間を驚かせることがありますが、こうした倒産リスクを防ぐ力も〝よそもの〟によって発揮されるはずです。

〝よそもの〟が本来の価値を輝かせるために必要なこと。それはシンプルに、「自分の感覚を信じて、正しいと思うことを言う」という姿勢であると思います。

自分が正しいと信じることは、胸を張って伝えよう。公明正大な生き方こそが、世の中のためにもなるはずだと、私も信じています。

素直な人はぐんと伸びる そして、忍耐あるのみ

終身雇用はすでに崩壊したと言われ、これからは転職や副業が当たり前の時代になるでしょう。

すると、**重要になるのが「環境適応力」です。**

いかにスムーズに新しい環境で仲間をつくり、成果を出せるかどうか。

私は仏道に入る前には、ヘッドハンターとして、さまざまなキャリアを希望する方々の転職を支援してきました。

当時の経験から言えるのは、**「素直に動ける人はどこでも伸びる」ということです。**

「素直」とは、なんでも受け売りにするという意味ではありません。新しい環境で自分は何を求められているのか、情報収集を怠らず、求められる役割を受け入れて、どんどん学んで吸収する。その上で、言いたいことがあればきちんと伝える。

そんなさっぱりとした素直さがある人は、どんな環境に移っても、あっという間に適応していきます。

一方で、仕事とは一人で完結するものではありませんから、うまくいかない状況も多々起こり得ます。

やはり「**忍耐力**」**も必要です。**転職で大化けする人と沈む人の決定的な違いは忍耐力の差にあるというのが、私の印象です。

自分が思い描くプランを実行するために、一緒に動いてほしい部下や上司、取引先を仲間にしなければいけません。
早く成果を出そうと焦って強行するのは逆効果。
周囲の理解と共感を深めるコミュニケーションを、忍耐強く続けていくほかに方法はないのです。

自分の得意なパターンを組織の中で発揮するためには、他者との協業が不可欠です。

相手の得意なパターンや価値観に対しても理解を示し、どうコラボレーションできるかを考えてみる。必要な情報を、相手に惜しみなく与えてみる。

いろんな工夫をしながら、すぐに効果は出なくても、忍耐、忍耐、また忍耐。

その間に、自分の軸――何を目指し、どうありたいかという心を見失わずに持ち続ければ、たとえ時間がかかっても、新しい環境での道が開けるはずです。

思い通りにならないのが人生
しなやかな自分になる

こんなはずではなかった。どうしてうまくいかないのか。
なぜ、あの人は言うことを聞いてくれないのか。

そんな葛藤や怒りにも似た感情を抱えるときもあると思います。
人生は基本的に「苦」です。
すべて思いどおりに運んで、ワクワクと充実して、最後はコロッと死ねる。
そんな人生はありません。

思いどおりにならず、ままならないもの。それが人生なのです。

現実と折り合いをつけるには、相手を変えるのか、自分を変えるのか。

相手を変えられるなんて滅多にできることではありませんから、結局は自分を変えるしかない。

ただし、**「自分の軸」を曲げるのではなく、相手との向き合い方を変えるという意味です。**

「うまくいかないのが基本なのだ」と思えば、ゆったりと構える余裕が出ませんか。一度のトライでうまくいくはずもない。手を変え、品を変え、いろんなアプローチで試してみよう。そしたらいつかはうまくいくかもしれないな。

それくらいの柔軟さで捉えてみるといいでしょう。

かたくなままでは、つらくなります。ままならなさを受け入れ、しなやかな生き方を身につけていこうではありませんか。

私ならどうするか？何事も「自分ごと」で言葉にする

自分の軸を磨くための最適なトレーニングは、「異世界に飛び込むこと」だという話をしました。

経験の少ない世界に飛び込んで挑戦している最中、「あなたはどう思うのか？」と意見を求められると、つい身構えてしまうのが普通の反応だと思います。

私も、30代で経験したケンブリッジ留学時代に、各国から集まったエリートたちから意見を求められる場面が多々あり、最初は戸惑ったものです。

なぜ戸惑ったかというと、それまでどっぷりと漬かっていた日本企業の同質性の高いカルチャーの中では、お互いの意見の確認がほとんど必要ないまま日常のコミュニケーションが進んでいたからです。

「あうん」の呼吸や、無言の忖度によって、意見をぶつけ合うことなく、組織の意思決定は進んでいく。

しかしながら、それでは変革は生まれませんし、すなわち生き残る道が閉ざされてしまいます。

健全な意見交換がなされる組織づくりが、ますます求められていると思います。

そうは言っても「自分の意見を表明するのが怖い」という気持ちは、大半の人にあるでしょう。

コツは、大それたことを言おうと気張らないことです。視座高く、立派な意見を述べようとするから緊張し、思ってもないことまで発言して墓穴を掘ってしまうのです。

もっと素直に、あくまで個人的感覚として「自分だったらどうするか」というスタンスで語ればいいのです。自分を主語にして語ってみてください。

お寺の経営改革を私が提案するときもそうでした。

「現代の宗教界における寺院の位置付けは……」なんて大上段から構えると、論理はあっという間に破綻して空中分解してしまうことは目に見えていました。

そうではなく、「自分が信者だとしたら、お寺が何をしてくれるとうれしいだろうか」という個人視点で発想すればいいのです。

自分ごとで語ることに〝正解〟はなく、何を言っても自由です。むしろ、誰にも侵されない迫力があります。

だから、斬新なアイディアが次々に生まれ、実現しやすくなるのだと思います。

「自分ごとで語ること」の迫力を私に教えてくださった大先輩として浮かぶのは、JR東日本の副社長から転じて、りそな銀行ホールディングス会長となった故・細谷英二さんです。営業時間の抜本的な改革などが大変話題になりました。

私はご縁あって、りそな改革真っ只中の細谷さんと一緒に働く機会を得たのですが、細谷さんは常に「自分ごと」で物事を考えるリーダーでした。

鉄道から銀行へ、まさに異世界へ転じた細谷さんは、「安永くん、正直に言うと、取締役会で飛び交う専門用語はほとんどわからないんだよ」と笑っていました。細谷さんは一人の消費者として銀行に求める役割や価値を考え抜いていたのです。

自分ごとの言葉を武器に、堂々と正面突破で突き進む。

これこそ、異端の改革の王道だと言えるでしょう。

第7章

あるがままに「凡夫」として生きる

今なぜ、ビジネスパーソンの関心が仏教に向かっているのか

京都の西本願寺の執行長という役職に収まって一年ほどが経ちました。浄土真宗の僧侶兼事務方の取りまとめ役として、寺院経営に携わる傍ら、月に2回は東京に通って、グロービス経営大学院で教える仕事も続けています。

グロービスに通うビジネスパーソンは、さまざまな業界のリーダー職やリーダー候補たち。間違いなく、日本の未来を引っ張る存在です。

そんな彼ら彼女らから、「仏教について、もっと学びたい」と相談を受けるシーンが、この数年で明らかに増えました。

仏教に限らず、「マインドフルネス」や「ウェルビーイング」など、心の内面に向き合おうとする流れの速さが増しているように感じます。

新型コロナウイルスの影響によって行動習慣が変わり、自分の生き方や心のあり方を見つめ直すきっかけを持つ人が、以前よりも多く広がった背景もあるでしょう。

しかし、それ以上に、私たち現代人はある種の〝限界〟を感じていたのではないでしょうか。

資本主義社会とは、ある意味で「合理」の極みです。

利益を最大化するため、隙のない計画を重視して、数値化できる成果を出してこそ評価され、富を得る。合理を極めた社会構造によって、私たちは多大なる恩恵を受けてきました。しかしながら一方で、「合理だけでは解決できない問題」もたくさんあることに、私たちはだんだんと気づいてきました。

物事にはすべて、陽があれば陰があり、表があれば裏がある。光があれば闇がある。

私たちが肉眼で確認できる「光」の色は、あくまで可視光線を反射している範囲の色であって、たしかに実在するはずの紫外線を私たちは視覚で捉えることはできません。

同じことが、経済や社会の事象にも言えるのだろうと私は確信しています。合理では説明できない非合理――陰陽でいえば「陰」の部分を治めなければ真の成熟を迎えることはできないのです。

これだけテクノロジーが発達し、最先端の研究がグローバルで同期する時代になってなお、世界の問題は解決していないことが、これを証明しています。日本で暮らす人々が全員豊かになる日も、いまだ訪れていません。

外的な評価だけで自分を満たすだけでは、本当の意味で満たされない。そう気づいた人から、「内面の充実」を求めて宗教の扉を開けているのでしょう。

古来、宗教は内面の世界に向き合う入り口を保証する役割を果たす存在でした。
宗教が有史以来、人間に寄り添い続けてきたのも、内面への意識を研ぎ澄ませる受け皿となってきたからだと、私は理解しています。

私自身がビジネスパーソンとして充実していた時期に仏教に惹かれたのも、自分自身のバランスを保つために本能的に求めたからです。

仏教を通じて得られたことはとてもこの1冊では語り尽くすことはできませんが、「あるがままを見て、受け入れる」という内省の視点は、私の人生において大きな収穫になりました。

負の感情を抑えてプラスへ変える心のバネを鍛えよう

世の中の理不尽に直面したときに、嫉妬や恨み、怒りなど、マイナスの感情は誰の心にも宿ります。

問題は、その負のエネルギーをどうおさめていくのかどうか。

負の感情をうまくプラスのエネルギーに転換することができれば、新しい創造へと発展していきます。

世界を驚かせるイノベーションを生み出した起業家の中には、幼少期に過酷な経験を通過した人が少なくありません。「負けてたまるか」「こんな世界は許せない」といった激烈な負の感情が、創造力や粘りに変わることによって、圧倒的な成果を生むのでしょう。

逆に、負のエネルギーのままエスカレートしていく先は、不幸です。破壊的な行動が他者に向かえば殺人や戦争、自分に向かえば最悪は自死という結末につながりかねません。

バネを抑えるように負のエネルギーを制御し、平常心で日常を送るための心の鍛錬が私たちには必要なのです。

無意識に抑圧している負の感情を見つめることは、決して心地よいものではありません。

しかし、自分の中にある「影」を認めなければ、コントロールはできません。「影」の存在を否定すればするほどに、「影」は巨大化し、その「影」に翻弄されてしまう。だから、向き合うしかないのです。

自分の「影」を認めれば、許せなかった他人に対しても寛容になれるでしょう。
なぜなら、あなたが許せない他人の一面は、あなたの中にも「影」として潜んでいるはずだからです。

自分の内面を隅々まで見つめ、光も影もあるがままに認識して、「不完全な自分」を受け入れていく。

心の鍛錬に寄り添うのが、きっと宗教の役割なのでしょう。

すべてがあるがままに見えている状態それが「悟り」である

「今、ここ」の状態をあるがままに受け止めようとすることが、可能性を開くという話を3章でしました。

思い込みを捨て、過去でも未来でもなく今に集中して、曇りのない目で見えているものを受け入れる。

そして、受け入れたものを咀嚼して、「何ができるか」を考える。

この状態は、仏教における「悟り」と同じであると、私は解釈しています。

「今、ここ」に集中する人生修行を重ねることで、明瞭な頭と心で、すべてをあるがままに見えるようになった状態。これを「悟り」と呼ぶのではないかと思うのです。

スポーツ選手がものすごい集中力を発揮する没入状態を「ゾーン」と呼びますが、これもきっと「悟り」に近いのでしょう。


ただし、物事は絶えず変化し、刻一刻とその姿を変えていくもの。

また、私たちの目も、日常の雑事にとらわれる中で、いつの間にか偏った見方をする目に戻ってしまいます。

つまり、あるがままを見て受け取る修行もまた、絶えず続ける必要があるということです。お坊さんが修行に何度も入るのは、日常生活の中で曇った目を磨くためです。


わかった気にならない。絶えず変化する人間、世の中、そして自分の内面をまっさらな目で見つめ直すこと。

この繰り返しによって、新たな自分の可能性を見つけることもできるはずです。

「くだらない人生」なんてない たとえ生涯失意の日々だとしても

自分の人生にじっくりと向き合って、あるがままの自分を知ろうとすることで、失望を抱く人もいるでしょう。

「ライフラインチャート」（73ページ）を描いた結果、「なんて平坦で、つまらない人生なんだろう」と無力感に襲われてしまった人もいるかもしれません。

私がこの本の最後に強調したいのは、「どんな人生にも価値がある」ということ。

世の中でエピソードとして語られる人生の多くは、ドラマティックな浮き沈みがあり、感動に溢れたストーリーです。

しかし、現実世界を生きる人の多くは「浮き沈みのない平坦な人生」を生きています。それが人間の自然です。

人生の波を振り返りながら、「私の人生、何もいいことがなかったな」と悲しくなった人には、私はこう言いたいのです。

「**それでも今日まで生きてきた。それだけで素晴らしい人生ではないですか**」と。

40代を過ぎても、上司に叱られてばかりで、家庭でも叱られて、何もかもうまくいかない。そんな境遇に沈み込んでいる人には、「長い人生の中で、今はそういう時期なのだ。いつかはきっと浮上する」と声をかけたくなります。

浄土真宗では、煩悩から離れられない人を「凡夫（凡庸なる士夫）」と呼び、その自覚を持って苦悩の中に生きる人々にこそ、仏様からの慈悲の光が向けられると考えられています。

あなたの人生は、隣の誰かの人生と比べて評価を期待されるものではありません。自分なりのトライ・アンド・エラーを繰り返しながら、その時々で自分なりの納得感を得ながら、前に進んでいく。

たとえ、その一生を終えるまで失意の連続だとしても、それを「くだらない人生」と誰が言えるでしょう。

すべての人生は、すでに十分に満たされているのです。

いつかは迎える死の瞬間を、どこで誰と過ごし、何を思うかは誰も決めることはできません。

しかし、**人生を振り返って「ああ、ここまでよく生き延びて、なかなか面白い人生を送れたな」と思えたら十分にありがたいではありませんか。**

そのときそのときの人生の片鱗を、あるがままに受け入れる心の構えを持ちたいものです。

迷ったら「イエス」進めば必ず、道は開く

自分の意思とは無関係に、思わぬ縁が降ってくる。
それもまた、人生の醍醐味です。

予想外の岐路に立たされたときに、「こっちに進むべきか、いや、とどまるべきか」と迷うこともあるでしょう。

私自身の人生を振り返っても、「人生のターニングポイント」となったチャンスは、予期せぬ方向から舞い込んできたことが多かったと感じます。

そのときに、いつも心に決めていたのは「迷ったら、イエスと言う」。

このシンプルな指針に従って、行動をしてきました。

そもそも「迷う」ということは、心のどこかで、なんらかの明るい兆しを感じているから。まったくの無関心であれば、迷うことすらしないはずです。

1%でも自分を成長に導く可能性を発見できるとしたら、思い切ってやってみる。やると決めたら、その選択を後悔しないようにと必死に頑張るしかありません。

もしうまくいかなかったとしても、自分で自分に「グッドジョブ」と言えたら御の字です。

失敗は、学びにつながる経験という宝。その後の人生を助ける最強の札になるでしょう。

自分の人生を、自分で選択し、自分で受け入れる。

その繰り返しによって、あなたの人生は確実にあなたのものになります。

どうか、その手にしっかりと握り続けてほしいと願います。

おわりに

この本に最後までお付き合いいただき、ありがとうございました。皆さんの人生を考えるきっかけにしていただければ望外の喜びです。

私自身の人生の歩みをこの本を書くことによって、こうした形で振り返ることができたのも「本当にしあわせなことだなあ」としみじみと思います。

実はこのあとがきを書いていると、本の内容が少し「上から目線」な感じがしていやな気持ちなりますが、これも自分の多面的な人格の一部と認識して受け入れることにしました。

自分の体験をベースにさまざまな先人の教えを後輩たちに引き継いでゆく教師の役目も自分の人格の一部になっているように感じます。

さらに振り返って思えば、生まれてから今日まで自分ひとりで生きてきたような大きな思い違いをしてきました。

遺伝子でつながっているご先祖様や両親だけでなく、家族や、会社、寺院の人々、私を取り巻く友人や、参拝者、取引先の人々など、多くの方々に陰に陽に支えられて今日の私が存在しているわけです。そのような多くの方々に心から感謝を捧げつつ、いつ終わりが来るかわからないこれからの人生を考えることにしています。

「報恩感謝」の人生をどのくらい続けられるかは誰にもわかりませんが、「自分の軸」をなによりも大事にしながら進んでいきたいと思います。

読者の皆さんも、私と一緒に、「各個人の人生を、その人らしく生き切っていただきたい」と心から念じております。

また、心が疲れたと感じたときは、ぜひ、京都の西本願寺や、東京の築地本願寺にご参拝ください。いつでも、誰でも西本願寺の阿弥陀堂、御影堂や、築地本願寺の本堂に上がってご参拝することができます。
あまり作法は気にせずに、仏様に手を合わせた後は、ただ本堂に座っているだけでも自然と心が落ち着くものです。

この本を出版するにあたっては、ディスカヴァー・トゥエンティワンの大竹朝子さん、元木優子さん、編集協力の宮本恵理子さんに大変お世話になりました。ここに記して心からお礼申し上げます。
最後にいつも自分勝手な軸で動く夫をいつも優しく受け止めてくれている妻丘子《たかこ》にこの本を捧げます。

2023年冬　安永雄彦
京都にて

何度でもリセット

発行日　2023年12月22日　第1刷

Author　安永雄彦
Book Designer　山之口正和＋齋藤友貴（OKIKATA）

Publication　株式会社ディスカヴァー・トゥエンティワン
〒102-0093　東京都千代田区平河町2-16-1 平河町森タワー11F
TEL　03-3237-8321（代表）03-3237-8345（営業）
FAX　03-3237-8323
https://d21.co.jp/

Publisher　谷口奈緒美
Editor　大竹朝子　元木優子（編集協力　宮本恵理子）

Distribution Company
飯田智樹　蛯原昇　古矢薫　山中麻吏　佐藤昌幸　青木翔平　小田木もも
松ノ下直輝　八木眸　鈴木雄大　藤井多穂子　伊藤香　鈴木洋子

Online Store & Rights Company
小田孝文　川島理　庄司知世　杉田彰子　阿知波淳平　磯部隆　王廳
大﨑双葉　近江花渚　仙田彩歌　副島杏南　滝口景太郎　田山礼真
宮田有利子　三輪真也　古川菜津子　高原未来子　中島美保　石橋佐知子
伊藤由美　蛯原華恵　金野美穂　西村亜希子

Publishing Company
大山聡子　大竹朝子　藤田浩芳　三谷祐一　小関勝則　千葉正幸　伊東佑真
榎本明日香　大田原恵美　小石亜季　志摩麻衣　舘瑞恵　野村美空
橋本莉奈　原典宏　星野悠果　牧野類　村尾純司　元木優子　安永姫菜
浅野目七重　林佳菜

Digital Innovation Company
大星多聞　森谷真一　中島俊平　馮東平　青木涼馬　宇賀神実　小野航平
佐藤サラ圭　佐藤淳基　津野主揮　中西花　西川なつか　野﨑竜海
野中保奈美　林秀樹　林秀規　廣内悠理　山田諭志　斎藤悠人　中澤泰宏
福田章平　井澤徳子　小山怜那　葛目美枝子　神日登美　千葉潤子
波塚みなみ　藤井かおり　町田加奈子

Headquarters
田中亜紀　井筒浩　井上竜之介　奥田千晶　久保裕子　福永友紀　池田望
齋藤朋子　俵敬子　宮下祥子　丸山香織

Proofreader　文字工房燦光
DTP　株式会社RUHIA
Printing　日経印刷株式会社

ISBN978-4-7993-3003-6
NANDODEMO RESET by Yuhiko Yasunaga

ディスカヴァーの本

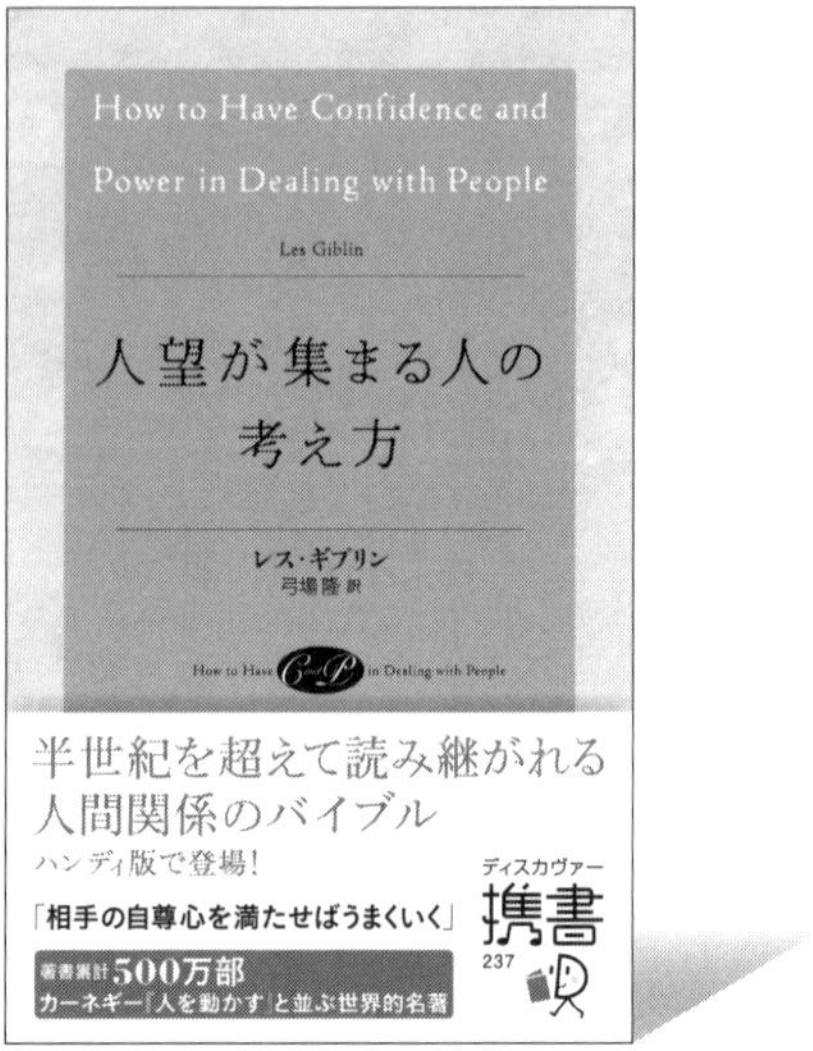

人望が集まる人の考え方

レス・ギブリン

人間関係の悩みは、あなたや相手の性格の問題ではなく、「他人とうまくかかわる方法」を知らないことが原因です。
著書累計500万部を突破した著者による、カーネギー『人を動かす』と並ぶ世界的名著がハンディ版で登場！

定価 1100円（税込）

書籍詳細ページはこちら
https://d21.co.jp/book/detail/978-4-7993-2830-9

最後までお読みいただき、ありがとうございます。
本書を通して、何か発見はありましたか？
ぜひ、感想をお聞かせください。

いただいた感想は、著者と編集者が拝読します。

また、ご感想をくださった方には、お得な特典をお届けします。